Christian Feldmann

Von Aschenputtel bis Rotkäppchen

Das Märchen-Entwirrbuch

Gütersloher Verlagshaus

Bibliografische Information der Deutschen Nationalbibliothek
Die Deutsche Nationalbibliothek verzeichnet diese Publikation in der Deutschen Nationalbibliografie; detaillierte bibliografische Daten sind im Internet über http://dnb.d-nb.de abrufbar.

Verlagsgruppe Random House FSC-DEU-0100
Das für dieses Buch verwendete FSC-zertifizierte Papier *Munken Premium* liefert Arctic Paper Munkedals AB, Schweden

1. Auflage

Umschlagmotiv: © gettyimages
Druck und Einband: GGP Media GmbH, Pößneck
Printed in Germany
ISBN 978-3-579-06527-0

www.gtvh.de

Inhalt

Von der Wahrheit der Luftschlösser

Wie die Märchen Mut zum Leben machen

Anfang des 19. Jahrhunderts setzte die Wiener Zensurbehörde ausgerechnet Grimms Märchen auf den Index der verbotenen Bücher. Begründung: Sie seien zu abergläubisch. Fortschrittliche Pädagogen ließen in den wilden 68ern ebenfalls kein gutes Haar an den überlieferten Märchensammlungen. Ihre Argumente hörten sich natürlich ganz anders an: Die Märchen verführten zur Flucht aus der Realität; statt Wahrheit ein verlogenes Wolkenkuckucksheim; statt Lebensweisheit Rückzug in ein von Königen, Hexen und Zwergen bevölkertes Traumland; statt Erziehung zur Weltgestaltung Konfliktscheu und fehlgeleitete Fantasie.

Im Reich der Brüder Grimm entdeckte die Märchenkritik autoritäre Familienbilder, frauenfeindliche Rollenzwänge und gefährliche Gehorsamsideale. Märchenkönige werden von niemandem kontrolliert, Märchenkinder haben brav zu sein, fleißige Aschenputtel warten auf den schönen Prinzen und am Ende wird alles ganz von selber gut. Muss ein Erwachsener, der als Kind mit solchen Wunschbildern gefüttert wurde, nicht zwangsläufig die Lust verlieren, für humanere gesellschaftliche Strukturen zu kämpfen?

Umso erstaunlicher wirkt die Märchenrenaissance, die in den letzten Jahren auf breiter Front einsetzte. Plötzlich entdeckte man befreiende, Mut machende Energien in den gerade noch verachteten Geschichten. Luden die Märchenhelden nicht dazu ein, sich vom Elternhaus mit seinen Kontrollzwängen zu lösen, selbstständig zu werden und sich selbst zu verwirklichen, kreativ Abenteuer zu bestehen und die Macht der Verhältnisse mit List und Mut zu unterlaufen?

Der aufgeklärte Marxist Ernst Bloch fand für sein Prinzip Hoffnung keine besseren Beispiele als die »revolutionären Elemente« in den alten Volksmärchen. Bloch, der Querdenker, staunte: »Als der Bauer noch in Leibeigenschaft lag, eroberte der arme Märchenjunge des Königs Tochter. Als die gebildete Christenheit vor Hexen und Teufeln zitterte, betrog der Märchensoldat Hexen und Teufel von Anfang bis Ende (nur das Märchen pointiert den ›dummen Teufel‹). Gesucht und gespiegelt wird das goldene Zeitalter, wo bis ganz hinten ins Paradies hineinzusehen war. Aber das Märchen lässt sich von den heutigen Paradiesbesitzern nichts vormachen; so ist es aufsässig, gebranntes Kind und helle. (…) Im Märchen ›Der Gevatter Tod‹ bietet sich einem armen Mann der liebe Gott selbst als Gevatter an, aber der arme Mann antwortet: ›Ich begehre dich nicht zum Gevatter, denn du gibst dem Reichen und lässt den Armen hungern.‹ Hier überall, in Mut wie Nüchternheit wie Hoffnung, ist ein Stück Aufklärung, lange bevor es diese gab.«[1]

> »So fantastisch das Märchen ist, so ist es doch, in der Überwindung der Schwierigkeiten, immer klug.«[2] Ernst Bloch

»Weggeschichten« als Experimentierfeld

Gewiss hängt die Aufwertung der Märchen auch mit der wieder erwachten Sehnsucht nach der guten alten Zeit zusammen, mit dem Bedürfnis nach Idylle und heiler Welt. Doch das allein wäre eine oberflächliche Erklärung. Märchen sind wieder »salonfähig« geworden, weil man erkannt hat, dass Kinder Fantasie nötig haben, wenn sie nicht innerlich verkümmern wollen. Dass sie selbst Geschichten erfinden müssen, um mit den Problemen des Lebens fertig zu werden, ihre Wünsche und Ängste zu bewältigen.

So begründet der amerikanische Kinderpsychologe Bruno Bettelheim seine These »Kinder brauchen Märchen« – denn Märchen enthalten das Menschheitserbe an Fantasie. Man müsse dem Kind Möglichkeiten geben, sich in der so kompliziert erscheinenden Welt zurechtzufinden und im Chaos seiner Gefühle Ordnung zu schaffen. Bettelheim: »Um den Wechselfällen des Lebens nicht hilflos ausgeliefert zu sein, muss man seine inneren Kraftquellen erschließen, so dass Gefühle, Fantasie und Intellekt einander unterstützen und bereichern.«[3]

> »Auf einer Dorfstraße trafen sich eines Tages die Wahrheit und das Märchen. Das Märchen bunt gekleidet und fröhlich, die Wahrheit abgehärmt und im grauen Gewand. Die Wahrheit klagte, ach, niemand wolle sie einlassen. Das Märchen erwiderte, weil es sich so farbig und heiter gebe, lasse es jedermann gern zur Tür herein, und es brauche nicht zu darben. 'Mach es wie ich', riet das Märchen der Wahrheit – und so erscheint die Wahrheit nun im Märchengewand.«
>
> Aus der jüdischen Tradition

Märchen als Orientierungshilfe, als Experimentierfeld für die eigene Lebensplanung – wer möchte behaupten, dass das nur für Kinder gilt? Märchen enthalten gleichnishaft, in verschlüsselter Form, die Grundsituationen menschlichen Lebens: Ablösung von den Eltern, Rivalität der Geschwister untereinander, Annahme der eigenen Geschlechtsrolle, Entdeckung der Sexualität, Partnerfindung, Trauerarbeit nach dem Abschied von einem geliebten Menschen. Es ist ein zeitloses Stück, das da in tausend Variationen und im Kern doch immer gleich auf der Bühne des Märchentheaters gespielt wird.

Weil es meist um das Erzählen eines Reife- oder Wandlungsprozesses geht, hat man die Märchen »Weggeschichten« genannt: Der Märchenheld – oft ist es auch eine Heldin – muss sich auf einer abenteuerlichen Reise bewähren, Widerstände überwinden, um den Platz in der Welt und in sich selbst zu finden. Dazu gehören die Ablösung vom bergenden Nest, die Konfrontation mit fremder Not, die Begegnung mit anderen Menschen, das Erleben eigener Ohnmacht, aber auch ungeahnter Kräfte im eigenen Innern, oft genug das Erscheinen eines geheimnisvollen Helfers, am Schluss die erlösende, mühsam zu vollbringende Tat und das darauf folgende Glück, ein Fest, eine fröhliche Hochzeit – »und wenn sie nicht gestorben sind, dann leben sie noch heute.«

Die Zwänge der Wirklichkeit durchbrechen

Greifen wir irgendein Märchen heraus, das jeder kennt, um es so – als »Weggeschichte« – neu zu lesen und unsere eigenen Erfahrungen darin wieder zu finden: das Märchen vom Aschenputtel. Es ist die klassische Geschichte einer Reifung. Zwei Menschen, die in ihren Rollen gefangen sind, wachsen zu ichstarken, selbst über ihr Leben entscheidenden Persönlichkeiten. Zunächst traut sich das Aschenputtel nichts zu, findet es offenbar ganz in Ordnung, dass es in die Küche verbannt ist und dort die niedrigsten Dienste leisten muss. Aber dann entwickelt es sich zu einer selbstbewussten Frau mit Ausstrahlung.

Doch auch der Königssohn muss reifen: Er, dem bisher alles zugeflogen ist, muss lernen, sich selbst etwas einfallen zu lassen und zu handeln. Er lernt es in der Begegnung mit dem verschüchterten Aschenputtel, das gehorsam die Magdrolle spielt und auf den Supermann wartet, der es aus seinem Mauerblümchendasein erlösen wird. Es hat vor Kurzem erst seine Mutter verloren, die einzige, die ihm Liebe, Zärtlichkeit, Geborgenheit geschenkt hat. Jetzt igelt es sich scheinbar ganz in seiner Trauer ein, flüchtet jeden Tag zu ihrem Grab, richtet alle Energie nach innen.

Gerade in dieser intensiven Beziehung zur toten Mutter aber findet es die Kraft, sich dem Leben zu stellen! Denn Aschenputtel wartet keineswegs passiv-duldend auf seinen Prinzen, sondern wird selbst aktiv – mit erstaunlicher Energie. Als der Königssohn ein großes Fest zum Zweck der Brautschau veranstaltet, muckt das in seinem Küchenwinkel vergessene Mädchen zum ersten Mal auf: Es lässt sich von der Stiefmutter nicht mehr einsperren und nimmt gegen ihr Verbot am Hofball teil. Am Grab der Mutter, aus dem ein Haselnussbaum wächst – ein Symbol wunderbarer Weisheit –, erhält Aschenputtel Kleider von zauberhafter Schönheit, mit denen es den Königssohn betören wird: »Bäumchen, rüttel dich und schüttel dich, wirf Gold und Silber über mich!«

Die Kleider strahlen wie Sonne, Mond und Sterne – Sinnbild für das Weibliche in seiner vollkommenen Gestalt. Aschenputtel ist aus der Hülle des verschüchterten Kindes geschlüpft und zur Frau geworden, die sich ihrer Schönheit und Kraft bewusst ist und für ihre Interessen kämpft. Aber der Königssohn muss schon auch etwas tun: Sie entwischt ihm mehrfach nach dem Tanz und gibt ihm damit ein Rätsel auf, sie inszeniert eine Probe, die er bestehen muss, um sich ihrer würdig zu erweisen. Seine Königsmacht hilft ihm dabei gar nichts. Erfindungsreichtum, List und Scharfsinn sind gefragt – und die Ausdauer, die nur ein Verliebter hat. Der Prinz besteht die Probe, und es gibt eine prächtige Hochzeit.

Wie im Western siegt das Gute

Wer keine Fantasie hat und nur die nackte Realität gelten lässt, kann in dem Märchen nur zwei völlig Verrückte erkennen: eine Küchenmagd, die Königin werden will, und einen Prinzen, der landauf, landab seine Traumfrau sucht. Wer aber lernt an sich selbst zu glauben und fähig wird zur einfühlenden Liebe, braucht sich nicht mehr von der tristen Realität gefesselt zu fühlen.

Damit haben wir eine weitere wichtige Funktion des Märchens entdeckt: Wenn das Wunderbare möglich wird, wenn Wünsche wahr werden und Träume in Erfüllung gehen, dann lässt sich der lähmende Zwang der Wirklichkeit durchbrechen. Das Gute kann siegen, das Böse entwurzelt werden. Das Märchen sprengt die gewohnten Erwartungshaltungen auf. Es lädt dazu ein, sich überraschen und verwandeln zu lassen. Glückskinder und Pechvögel bleiben im Märchen selten, was sie sind: Es gibt die Chance, schicksalhafte Festlegungen zu verändern.

Das klassische Volksmärchen und der typische Western haben eines gemeinsam: Am Ende siegt das Gute, und das Böse wird vernichtet. Was dem Kind – und auch noch dem erwachsenen Leser – das sogenannte Urvertrauen ermöglicht: Ich darf dem Leben trauen, die Welt hat Sinn, trotz aller unvermeidlichen Enttäuschungen. Zweitens sind Gut und Böse im Märchen keineswegs immer schon von vornherein sauber festgelegt. Held oder Heldin machen Fehler, zeigen Schwächen – und entwickeln ihren Charakter. Drittens siegt das Gute nur selten von allein. Es muss gekämpft, es müssen Opfer gebracht werden.

Das Märchen ist kein Ersatz für das Handeln. Nicht von ungefähr beginnt das Märchen vom Froschkönig mit leisem Spott: »In den alten Zeiten, wo das Wünschen noch geholfen hat …«. Denn das bloße Wünschen und Träumen genügt keineswegs.

»Die von den Märchen entworfene Welt«, erläutert der Märchenforscher Max Lüthi, »ist nicht ein Schlaraffenland, sondern ein Reich der Aufgaben, des Handelns, des Geschehens.«[4]

Heil ist diese Märchenwelt ganz und gar nicht, in der es von hasserfüllten Stiefmüttern, neidischen Schwestern, blutrünstigen Nachtgestalten nur so wimmelt. Aber die schlimmen Verhältnisse lassen sich ändern, die verwunschenen Opfer von Hass und böser Macht können erlöst werden – durch Mut, List und die Kraft des Herzens.

Märchenhelden dürfen schwach sein

Nein, das Märchen entführt sein Publikum nicht in ein konfliktfreies Land der Träume. Es gibt ihm Kraft, sich mit all den dunklen Seiten des Lebens auseinanderzusetzen. Märchen enthalten die Einsicht, dass auch das Scheitern zum Weg gehört: Nicht nur die Bösewichter gehen zu Grunde, auch der Held versagt, ist bisweilen schwach – und wird dadurch oft genug reifer und tiefer. Sogar das liebenswerte kleine Rotkäppchen trägt die Möglichkeit zum Schuldigwerden in sich und irrt vom vorgezeichneten Weg ab.

Das Märchen warnt vor dem Bösen, aber es rät nicht zum ängstlichen Davonlaufen. Der Bursche, der auszog, das Fürchten zu lernen, kegelt im verwunschenen Schloss mit Gespenstern, nimmt den Anführer der bösen Geister gefangen und setzt Leichen ans Feuer, damit sie sich auch einmal wärmen können. Und das Mädchen, das von seinem Vater in höchster Not einer wilden Bestie versprochen worden ist, tröstet den weinenden Papa und verkündet mutig: »Liebster Vater, was Ihr versprochen habt, muss auch gehalten werden; ich will hingehen und den Löwen schon besänftigen, dass ich wieder gesund zu Euch komme.«

Wer hat bloß den unsinnigen Vorwurf erfunden, dass Märchen Angst und Gespensterfurcht lehren? Machen sie nicht eher Mut, sich Widerständen und Gefahren zu stellen, sich vertrauensvoll auf den abenteuerlichen Lebensweg zu begeben? Der Pfad zur Erlösung führt durch finstere Urwälder und tückische Sümpfe, den gläsernen Berg hinauf oder in die Höhle des todbringenden Drachen. Erlösende Kraft hat dabei immer die Liebe, der keine Entbehrung zu hart ist: Um ihre sechs in Schwäne verwandelten Brüder zu erlösen, darf die Königstochter sechs Jahre lang nicht sprechen und nicht lachen, bis sie sechs wundertätige Hemden aus Sternblumen zusammengenäht hat.

Liebe ist die einzige Kraft, welche die ewig gleiche Kettenreaktion aus Gewalt und Hass aufbrechen kann. Als Ende der Entfremdung, als befreiende Rückverwandlung aus einer verdorbenen Existenz definiert auch das Märchen Erlösung. Der Froschkönig muss in dem Moment nicht mehr Frosch sein, als er um seiner selbst willen geliebt wird. In einem anderen Märchen wird die den verlorenen Mann suchende Frau in dem Augenblick zur Erlöserin, als sie ganz sie selbst geworden ist.

Warum der »Dumme« den Schatz findet

Wer zuerst »verhext« war, und damit gezwungen und getrieben, sich destruktiv zu verhalten, wird zu sich selbst befreit. Diese Erlösung kann man sich verdienen – durch beharrliches Bemühen, durch Engagement und Solidarität, durch Mut und List wie in der Geschichte vom tapferen Schneiderlein, das auch in ausweglosen Situationen seine Geistesgegenwart nicht verliert. Manchmal bekommt man Erlösung aber auch einfach geschenkt – wie das kleine Mädchen in den »Sterntalern«, das nichts mehr besitzt als seine armseligen Kleider und ein Stück

Brot und sich dennoch voller Vertrauen auf den Weg macht. Als es dann auch noch Brot und Leibchen und Röckchen herschenkt und gar nichts mehr hat, »da fielen auf einmal die Sterne vom Himmel und waren lauter harte blanke Taler«.

Es ist nur folgerichtig: Wenn sich im Märchen die gemeinsamen, »kollektiven« Erinnerungen der Menschheit verdichtet haben, dann auch ihre religiöse Sehnsucht und Erfahrung. Märchen erzählen von der Suche nach dem endgültigen Glück, sie fragen nach dem Wert des Lebens, nach dem Sinn von Leid und Tod. Sie lassen uns wieder daran glauben, dass sich das Gutsein lohnt, dass Liebe befreit und dass wir dem eigenen Schicksal, dem Leben trauen dürfen.

Die Märchen erzählen von geheimnisvollen Brunnen, Bäumen und Wäldern, von tief in der Erde vergrabenen Schatzkisten, von glitzernden Juwelen in Grotten und Berghöhlen – lauter Chiffren für Leben, Erkenntnis, tiefstes menschliches Glück. Es ist schon verborgen da, dieses Glück, der Sinn, das Heil, hier auf der Erde, sagen die Märchen. Meist sind es armselige, verachtete Tröpfe, die den Schatz heben dürfen. Aschenputtel wird aus dem Staub erhoben, Hans im Glück macht von Mal zu Mal einen schlechteren Tausch und wird doch immer fröhlicher dabei, der jüngste und scheinbar naivste der Königssöhne findet das Wasser des Lebens für seinen todkranken Vater. »Die Letzten werden die Ersten sein«, sagt die Bibel, die selbst voller Märchen ist.

Doch Vorsicht mit dem Trugschluss, hier werde der einfältige Dummerjan selig gepriesen! Der vermeintlich Törichte verfügt nämlich über ganz besondere Gaben: Er weiß um seine Grenzen, ist realistisch, kann Hilfe annehmen. Er besitzt Intuition und Einfühlungsgabe, kann sich flexibel auf neue Situationen einstellen, aus dem Panzer der Tüchtigkeit und Selbstgerechtigkeit heraustreten – im Gegensatz zum arroganten

Protz – und die Stimme des Unbewussten ebenso wahrnehmen wie die Not der Mitmenschen und ihre Hilfsangebote.

Zahllos sind die Geschichten, in denen drei Brüder in die Welt hinauswandern, um ihrem Vater ein Heilwasser zu bringen, den goldenen Vogel zu fangen oder ihre Befähigung zum Erbe nachzuweisen. Alle diese Geschichten laufen auf dieselbe Pointe hinaus: Immer bewährt sich derjenige von den dreien, der unterwegs irgendwelchen unscheinbaren Tieren hilft, sein Essen mit einem alten Männlein teilt, sich der Not der Kreatur mitfühlend zuwendet. Die Botschaft ist eindeutig: Nur wer sich anderen zuwenden kann, wird am Ende König. Wer sich anderen öffnet, wird in seinem Leben einen Sinn finden. Vielleicht sogar einen Schatz.

Verborgene Schätze heben

Wie die Brüder Grimm gearbeitet haben

Eigentlich waren sie zu sechst, die »Brüder Grimm« aus dem hessischen Hanau. Aber bis heute bekannt und populär sind nur Jacob Grimm (1785 – 1863) und Wilhelm Grimm (1786 – 1859). Der Vater war Jurist und Amtmann, die beiden studierten Rechtswissenschaft in Marburg, wo sie ihr Lehrer Friedrich Carl von Savigny weniger für die Gesetzbücher, sondern für die Romantik und den Minnesang begeisterte.

Als Bibliothekare in Kassel, in nicht besonders guten Verhältnissen lebend und von Gönnern gefördert, begannen die »Brüder Grimm« wie besessen Märchen und Sagen zu sammeln, was im Trend der Zeit lag: Nachdem die Aufklärung über »Aberglauben« und »Ammenmärchen« gehöhnt hatte, entdeckten universal gebildete Vordenker wie Johann Gottfried Herder (1744 – 1803) den Erfahrungsreichtum und literarischen Wert der (internationalen) Volkspoesie neu. 1782 hatte der Weimarer Schriftsteller und Literaturkritiker Johann Karl August Musäus die erste deutsche Märchensammlung veröffentlicht.

Die Brüder Grimm waren also nicht die ersten, die volkstümliche Überlieferungen sammelten und alte Märchen neu erzählten. Aber sie fanden – mit jeder neuen Fassung und Auflage ein Stück mehr – jenen unverwechselbaren Ton, der ihre Bücher zu Klassikern machte. Schon vor dem Erscheinen des ersten Märchenbandes hatten sie die Sammlungen *Altdeutscher Meistersang* und *Altdänische Heldenlieder, Balladen und Mär-*

chen veröffentlicht und an der Liederedition *Des Knaben Wunderhorn* mitgearbeitet.

Vom König aus dem Land gejagt

Ihr Motiv war ein zweifaches: Zum einen wollten sie mithelfen, die mündlich überlieferten Geschichten zu retten, bevor es zu spät war. Wilhelm Grimm 1812 mit leiser Melancholie in der Vorrede zur ersten Ausgabe der *Kinder- und Hausmärchen:* »Es war vielleicht gerade Zeit, diese Märchen festzuhalten, da diejenigen, die sie bewahren sollen, immer seltener werden (freilich, die sie noch wissen, wissen auch recht viel, weil die Menschen ihnen absterben, sie nicht den Menschen), denn die Sitte darin nimmt selber immer mehr ab, wie alle heimlichen Plätze in Wohnungen und Gärten einer leeren Prächtigkeit weichen, die dem Lächeln gleicht, womit man von ihnen spricht, welches vornehm aussieht und doch so wenig kostet.«[5]

Das zweite Motiv war ein patriotisches: Als die Brüder Grimm ihre Märchen zusammentrugen, waren weite Landstriche Deutschlands von den Franzosen besetzt, und von einem deutschen Nationalstaat konnte man nur träumen. Da wollten die Grimms mit ihrer Sammlung »deutscher Volkspoesie« zu einem nationalen Bewusstsein beitragen. »Still und rein steht das Wesen unserer Vorfahren hinter uns«, schrieb Jacob Grimm 1811 in einem Aufruf, »alle mündliche Sage« zu sammeln, »in Unscheinbarkeit der Äußerung, in Unwandelbarkeit eines innerlichen, warmen Reichtums; seit wir es so recht empfunden haben, ist uns gleichsam ein Aug mehr für die treue Natur deutscher Begebenheit aufgegangen, und dadurch, dass wir sie sehr lieben gelernt, lieben wir uns desto unverbrüchlicher auch einander.«[6]

Dabei waren die Brüder Grimm genau wie die anderen »Romantiker« durchaus revolutionäre Geister, beflügelt von den

Idealen der Französischen Revolution. Später als Professoren in Göttingen protestierten sie gegen die rechtswidrige Aufhebung der Verfassung durch den König von Hannover und verloren ihre Anstellung; Jacob wurde sogar des Landes verwiesen, und beide zogen nach Berlin. Doch die Reform, für die sie eintraten, war immer auch eine geistige, innere Erneuerung mit Hilfe von Poesie und Religion. Drohte doch jetzt nach der Befreiung aus den alten Abhängigkeiten die Vergötzung von Vernunft, Naturwissenschaft und Fortschrittsglauben.

Natürlich hatten die Brüder Grimm ihre Zuträger, etwa die Kasseler Apothekersgattin Dorothea Wild, ihre Töchter Gretchen und Dortchen (Wilhelms spätere Frau), das Dienstmädchen Marie Müller, die Juristentöchter Jeanette, Marie und Amalie Hassenpflug, den Dragonerwachtmeister Friedrich Krause, den Theologiestudenten Ferdinand Siebert. Besonders gern griff man auf die »Viehmännin« zurück, eine arme Haut, Mutter von sechs Kindern und mit einem Trunkenbold verheiratet. Dorothea Viehmann aus dem Dorf Niederzwehren brachte sich durch, indem sie Lebensmittel austrug. Und sie konnte fantastisch Märchen erzählen – bildhaft und immer im selben Wortlaut.

»Es war einmal« ist keine Volkspoesie

Doch die Biedermeierbilder, welche die Brüder Grimm in ärmlichen Bauernstuben zeigen, hingerissen einem solchen Naturtalent lauschend, vermitteln nur die halbe Wahrheit. Es ist auch bloß eindrucksvolle Fiktion, wenn sie schreiben, »höchst getreu, buchstabengetreu« hätten sie alles wiedergegeben, was sie aus dem Mund des einfachen Volkes erfuhren: »Auf hohen Bergen, in geschlossenen Tälern lebt noch am reinsten ein unveralteter Sinn, in den engen Dörfern, dahin wenig Wege führen und keine Straßen, wo keine falsche Aufklärung eingegangen oder ihr Werk ausgerichtet hat, da ruht noch an vaterländischer Gewohnheit, Sage und Gläubigkeit ein Schatz im Verborgenen.«[7]

So stellt man sich bis heute die Tätigkeit eines Märchensammlers vor. Und vergisst, dass die meisten Textlieferanten literarisch hoch gebildete Angehörige des Bürgertums waren, die zwar nachweislich ihre Bediensteten, Knechte und Mägde nach alten Geschichten befragten, das Zusammengetragene aber dann gern mit den französischen Märchenbüchern vermischten, die sie kannten. Das lag nahe, denn »Grimms Märchen« haben in der Regel Vorläufer in der französischen, italienischen, bisweilen auch englischen Literatur. Dorothea Wild war die Enkelin eines Philologieprofessors; im Haus der Schwestern Hassenpflug sprach man nur französisch und veranstaltete literarische Teekränzchen. Schlichte Volkspoesie war da oft nur in veränderter, verfeinerter Form zu finden.

Dazu kam, dass die Brüder Grimm selbst an der Überlieferung, so wie sie ihnen zugetragen wurde, kräftig bildhauerten, glätteten und harmonisierten. Derbe Textpassagen, sexuelle Anspielungen, grausame Bestrafungen wurden gelöscht oder umformuliert, damit die Märchen in die Kinderstuben des Bürgertums passten. Namentlich Wilhelm wurde bei der Bearbeitung der Texte – das zeigen die aufeinander folgenden unterschiedlichen Fassungen – immer mehr zum Dichter. Die klassische Eingangsformel »Es war einmal« stammt in keinem Fall aus der Volksüberlieferung, die hat er erfunden und ist damit über die Jahrhunderte hinweg stilbildend geworden.

Die von Beiträgern wie den Schwestern Hassenpflug oder dem Wachtmeister Krause beschafften Texte bildeten anfangs ohnehin nur den kleineren Teil der Sammlung. Die meisten Märchen exzerpierten sich die Brüder Grimm aus der reichhaltigen Privatbibliothek ihres Freundes Clemens Brentano, der sie bei der gemeinsamen Arbeit an *Des Knaben Wunderhorn* schätzen gelernt hatte und zu ihrer Sammelarbeit ermunterte. Also Literaturstudium statt Interviews mit Mägden und alten Bauersfrauen. Klischees stimmen selten.

Und wenn sie vom »Volk« erlauschte Texte übernahmen, dann hatten die Brüder Grimm in der Regel eine bestimmte Idealform im Auge und bearbeiteten das Gehörte, bis es ihren Vorstellungen entsprach. Wir sollten ihnen deshalb nicht böse sein, denn die strengen philologischen Bedingungen späterer Zeiten kannte man damals noch nicht; wortgetreue Wiedergaben aus dem Volksmund wären weder gedruckt noch gelesen worden. Es bleibt das Verdienst von Jacob und Wilhelm Grimm, auf breiter Front das Interesse an Märchen und Volkserzählungen geweckt und die wissenschaftliche Beschäftigung mit solchen Texten überhaupt erst begründet zu haben.

Der 1812 erschienene erste Band der *Kinder- und Hausmärchen* enthielt bereits fast alle »Klassiker« wie *Aschenputtel, Frau Holle, Rotkäppchen, Hänsel und Gretel, Schneewittchen, Brüderchen und Schwesterchen, Der gestiefelte Kater, Der Wolf und die sieben Geißlein,* in einer bisweilen noch eher unbeholfenen Diktion, aber auch noch nicht so stark bearbeitet und geglättet. Die Kritiker bemängelten die nüchterne Sprache und den zu wenig kindgemäßen Ton. Daraufhin publizierten die Grimms vier Jahre nach dem 1815 nachgeschobenen zweiten Band (ein dritter geplanter erschien nicht mehr; die »Viehmännin« war gestorben und die jungen Gesprächspartnerinnen wie Dortchen Wild oder Jeanette Hassenpflug hatten nach ihrer Verheiratung nur noch wenig Zeit und Lust zum Erzählen) 1819 eine stark veränderte Neuausgabe.

Den Durchbruch brachte eine 1825 nach englischem Muster zusammengestellte, preisgünstige und hübsch illustrierte »Kleine Ausgabe« mit 50 besonders für Kinder geeigneten Märchen, was zunächst auf Kosten der bereits vorhandenen großen Edition ging. Doch die Brüder Grimm wurden immer populärer, die Nachfrage stieg sprunghaft an, und seit der dritten Auflage 1838 verkaufte sich auch die »große« Ausgabe hervorragend. Wir verwenden in diesem Buch die Ausgabe letzter Hand von 1857, die zwei Jahre vor Wilhelm Grimms Tod erschienen ist.

Es war einmal mitten im Winter, und die Schneeflocken fielen wie Federn vom Himmel herab. Da saß eine Königin an einem Fenster, das einen Rahmen von schwarzem Ebenholz hatte, und nähte. Und wie sie so nähte und nach dem Schnee aufblickte, stach sie sich mit der Nadel in den Finger, und es fielen drei Tropfen Blut in den Schnee. Und weil das Rote im weißen Schnee so schön aussah, dachte sie bei sich: Hätt' ich ein Kind, so weiß wie Schnee, so rot wie Blut und so schwarz wie das Holz an dem Rahmen! Bald darauf bekam sie ein Töchterlein, das war so weiß wie Schnee, so rot wie Blut und so schwarzhaarig wie Ebenholz und ward darum Schneewittchen genannt. Und wie das Kind geboren war, starb die Königin. Über ein Jahr nahm sich der König eine andere Gemahlin. Es war eine schöne Frau, aber sie war stolz und übermütig und konnte nicht leiden, daß sie an Schönheit von jemand sollte übertroffen werden. Sie hatte einen wunderbaren Spiegel; wenn sie vor den trat und sich darin beschaute, sprach sie:

»Spieglein, Spieglein an der Wand,
wer ist die Schönste im ganzen Land?«,

so antwortete der Spiegel:
»Frau Königin, Ihr seid die Schönste im Land.«

Da war sie zufrieden, denn sie wußte, daß der Spiegel die Wahrheit sagte. Schneewittchen aber wuchs heran und wurde immer schöner, und als es sieben Jahre alt war, war es so schön wie der klare Tag und schöner als die Königin selbst. Als diese einmal ihren Spiegel fragte:

»Spieglein, Spieglein an der Wand,
wer ist die Schönste im ganzen Land?«,
so antwortete er:
»Frau Königin, Ihr seid die Schönste hier,
aber Schneewittchen ist tausendmal schöner als Ihr.«

Da erschrak die Königin und ward gelb und grün vor Neid. Von Stund an, wenn sie Schneewittchen erblickte, kehrte sich ihr das Herz im Leibe herum, so haßte sie das Mädchen. Und der Neid und Hochmut wuchsen wie ein Unkraut in ihrem Herzen immer höher, daß sie Tag und Nacht keine Ruhe mehr hatte. Da rief sie einen Jäger und sprach: »Bring das Kind hinaus in den Wald, ich will's nicht mehr vor meinen Augen sehen. Du sollst es töten und mir Herz und Leber zum Wahrzeichen mitbringen.« Der Jäger gehorchte und führte es hinaus, und als er den Hirschfänger gezogen hatte und Schneewittchens unschuldiges Herz durchbohren wollte, fing es an zu weinen und sprach: »Ach, lieber Jäger, laß mir mein Leben! Ich will in den wilden Wald laufen und nimmermehr wieder heimkommen.« Und weil es gar so schön war, hatte der Jäger Mitleiden und sprach: »So lauf hin, du armes Kind!« Die wilden Tiere werden dich bald gefressen haben, dachte er, und doch war's ihm, als wäre ein Stein von seinem Herzen gewälzt, weil er es nicht zu töten brauchte. Und als gerade ein junger Frischling dahergesprungen kam, stach er ihn ab, nahm Herz und Leber heraus und brachte sie als Wahrzeichen der Königin mit. Der Koch mußte sie in Salz kochen, und das boshafte Weib aß sie auf und meinte, sie hätte Schneewittchens Herz und Leber gegessen.

Nun war das arme Kind in dem großen Wald mutterseelenallein, und ward ihm so angst, daß es alle Blätter an den Bäumen ansah und nicht wußte, wie es sich helfen sollte. Da fing es an zu laufen und lief über die spitzen Steine und durch die Dornen, und die wilden Tiere sprangen an ihm vorbei, aber sie taten ihm nichts. Es lief, so lange nur die Füße noch fortkonnten, bis es bald Abend werden wollte. Da sah es ein kleines Häuschen und ging hinein, sich auszuruhen. In dem Häuschen war alles klein, aber so zierlich und reinlich, daß es nicht zu sagen ist. Da stand ein weißgedecktes Tischlein mit sieben kleinen Tellern, jedes Tellerlein mit seinem Löffelein, ferner sieben Messerlein und Gäbelein und sieben Becherlein. An der Wand waren sieben Bettlein nebeneinander aufgestellt und schneeweiße Laken darüber gedeckt. Schneewittchen, weil es so hungrig und durstig war, aß von jedem Tellerlein ein wenig Gemüs' und Brot und trank aus jedem Becherlein einen Tropfen Wein; denn es wollte nicht einem alles wegnehmen. Hernach, weil es so müde war, legte es sich in ein Bettchen, aber keins paßte; das eine war zu lang, das andere zu kurz, bis endlich das siebente recht war; und darin blieb es liegen, befahl sich Gott und schlief ein.

Als es ganz dunkel geworden war, kamen die Herren von dem Häuslein, das waren die sieben Zwerge, die in den Bergen nach Erz hackten und gruben. Sie zündeten ihre sieben Lichtlein an, und wie es nun hell im Häuslein ward, sahen sie, daß jemand darin gesessen war, denn es stand nicht alles so in der Ordnung, wie sie es verlassen hatten. Der erste sprach: »Wer hat auf meinem Stühlchen gesessen?« Der zweite: »Wer hat von meinem Tellerchen gegessen?« Der dritte: »Wer hat von meinem Brötchen genommen?« Der vierte: »Wer hat von meinem Gemüschen gegessen?« Der fünfte: »Wer hat mit meinem Gäbelchen gestochen?« Der sechste: »Wer hat mit meinem Messerchen geschnitten?« Der siebente: »Wer hat aus meinem Becherlein getrunken?« Dann sah sich der erste um und sah, daß auf seinem Bett eine kleine Delle war, da sprach er: »Wer hat in mein Bettchen getreten?« Die anderen kamen gelaufen und riefen: »In meinem hat auch jemand gelegen!« Der siebente aber, als er in sein Bett sah, erblickte Schneewittchen, das lag darin und schlief. Nun rief er die andern, die kamen herbeigelaufen und schrien vor Verwunderung, holten ihre sieben Lichtlein und beleuchteten Schneewittchen. »Ei, du mein Gott! Ei, du mein Gott!«, riefen sie, »was ist das Kind so schön!« Und hatten so große Freude, daß sie es nicht aufweckten, sondern im Bettlein fortschlafen ließen. Der siebente Zwerg aber schlief bei seinen Gesellen, bei jedem eine Stunde, da war die Nacht herum. Als es Morgen war, erwachte Schneewittchen, und wie es die sieben Zwerge sah, erschrak es. Sie waren aber freundlich und fragten: »Wie heißt du?« »Ich heiße Schneewittchen«, antwortete es. »Wie bist du in unser Haus gekommen?«, sprachen weiter die Zwerge. Da erzählte es ihnen, daß seine Stiefmutter es hätte wollen umbringen lassen, der Jäger hätte ihm aber das Leben geschenkt, und da wär' es gelaufen den ganzen Tag, bis es endlich ihr Häuslein gefunden hätte. Die Zwerge sprachen: »Willst du unsern Haushalt versehen, kochen, betten, waschen, nähen und stricken, und willst du alles ordentlich und reinlich halten, so kannst du bei uns bleiben, und es soll dir an nichts fehlen.« »Ja«, sagte Schneewittchen, »von Herzen gern!« und blieb bei ihnen. Es hielt ihnen das Haus in Ordnung. Morgens gingen sie in die Berge und suchten Erz und Gold, abends kamen sie wieder, und da mußte ihr Essen bereit sein. Den ganzen Tag über war das Mädchen allein; da warnten es die guten Zwerglein und sprachen: »Hüte dich vor deiner Stiefmutter, die wird bald wissen, daß du hier bist; laß ja niemand herein!« Die Königin aber, nachdem sie Schneewittchens Lunge und Leber glaubte gegessen zu haben, dachte nicht anders, als sie wäre wieder die Erste und Allerschönste, trat vor ihren Spiegel und sprach:

»Spieglein, Spieglein. an der Wand,
wer ist die Schönste im ganzen Land?«

Da antwortete der Spiegel:

»Frau Königin, Ihr seid die Schönste hier,
aber Schneewittchen über den Bergen
bei den sieben Zwergen
ist noch tausendmal schöner als Ihr.«

Da erschrak sie, denn sie wußte, daß der Spiegel keine Unwahrheit sprach, und merkte, daß der Jäger sie betrogen hatte und Schneewittchen noch am Leben war. Und da sann und sann sie aufs neue, wie sie es umbringen wollte; denn so lange sie nicht die Schönste war im ganzen Land, ließ ihr der Neid keine Ruhe. Und als sie sich endlich etwas ausgedacht hatte, färbte sie sich das Gesicht und kleidete sich wie eine alte Krämerin und war ganz unkenntlich. In dieser Gestalt ging sie über die sieben Berge zu den sieben Zwergen, klopfte an die Türe und rief: »Schöne Ware feil! Feil!« Schneewittchen guckte zum Fenster hinaus und rief: »Guten Tag, liebe Frau! Was habt Ihr zu verkaufen?« »Gute Ware«, antwortete sie, »Schnürriemen von allen Farben«, und holte einen hervor, der aus bunter Seide geflochten war. Die ehrliche Frau kann ich hereinlassen, dachte Schneewittchen, riegelte die Türe auf und kaufte sich den hübschen Schnürriemen. »Kind«, sprach die Alte, »wie du aussiehst! Komm, ich will dich einmal ordentlich schnüren.« Schneewittchen hatte kein Arg, stellte sich vor sie und ließ sich mit dem neuen Schnürriemen schnüren. Aber die Alte schnürte geschwind und schnürte so fest, daß dem Schneewittchen der Atem verging und es für tot hinfiel. »Nun bist du die Schönste gewesen«, sprach sie und eilte hinaus. Nicht lange darauf, zur Abendzeit, kamen die sieben Zwerge nach Haus; aber wie erschraken sie, als sie ihr liebes Schneewittchen auf der Erde liegen sahen, und es regte und bewegte sich nicht, als wäre es tot. Sie hoben es in die Höhe, und weil sie sahen, daß es zu fest geschnürt war, schnitten sie den Schnürriemen entzwei; da fing es an ein wenig zu atmen und ward nach und nach wieder lebendig. Als die Zwerge hörten, was geschehen war, sprachen sie: »Die alte Krämerfrau war niemand als die gottlose Königin. Hüte dich und laß keinen Menschen herein, wenn wir nicht bei dir sind!« Das böse Weib aber, als es nach Haus gekommen war, ging vor den Spiegel und fragte:

»Spieglein, Spieglein an der Wand,
wer ist die Schönste im ganzen Land?«
Da antwortete er wie sonst:
»Frau Königin, Ihr seid die Schönste hier,
aber Schneewittchen über den Bergen
bei den sieben Zwergen
ist noch tausendmal schöner als Ihr.«

Als sie das hörte, lief ihr alles Blut zum Herzen, so erschrak sie, denn sie sah wohl, daß Schneewittchen wieder lebendig geworden war. »Nun aber«, sprach sie«, will ich etwas aussinnen, das dich zugrunde richten soll«, und mit Hexenkünsten, die sie verstand, machte sie einen giftigen Kamm. Dann verkleidete sie sich und nahm die Gestalt eines anderen alten Weibes an. So ging sie hin über die sieben Berge zu den sieben Zwergen, klopfte an die Türe und rief: »Gute Ware feil! Feil!« Schneewittchen schaute heraus und sprach: »Geht nur weiter, ich darf niemand hereinlassen!« »Das Ansehen wird dir doch erlaubt sein«, sprach die Alte, zog den giftigen Kamm heraus und hielt ihn in die Höhe. Da gefiel er dem Kinde so gut, daß es sich betören ließ und die Türe öffnete. Als sie des Kaufs einig waren, sprach die Alte: »Nun will ich dich einmal ordentlich kämmen.« Das arme Schneewittchen dachte an nichts, ließ die Alte gewähren, aber kaum hatte sie den Kamm in die Haare gesteckt, als das Gift darin wirkte und das Mädchen ohne Besinnung niederfiel. »Du Ausbund an Schönheit«, sprach das boshafte Weib, »jetzt ist's um dich geschehen«, und ging fort. Zum Glück aber war es bald Abend, wo die sieben Zwerglein nach Haus kamen. Als sie Schneewittchen wie tot auf der Erde liegen sahen, hatten sie gleich die Stiefmutter in Verdacht, suchten nach und fanden den giftigen Kamm. Und kaum hatten sie ihn herausgezogen, so kam Schneewittchen wieder zu sich und erzählte, was vorgegangen war. Da warnten sie es noch einmal, auf der Hut zu sein und niemandem die Türe zu öffnen. Die Königin stellte sich daheim vor den Spiegel und sprach:

»Spieglein, Spieglein an der Wand,
wer ist die Schönste im ganzen Land?«

Da antwortete er wie vorher:

»Frau Königin, Ihr seid die Schönste hier,
aber Schneewittchen über den Bergen
bei den sieben Zwergen
ist noch tausendmal schöner als Ihr.«

Als sie den Spiegel so reden hörte, zitterte und bebte sie vor Zorn. »Schneewittchen soll sterben«, rief sie, »und wenn es mein eigenes Leben kostet!« Darauf ging sie in eine ganz verborgene, einsame Kammer, wo niemand hinkam, und machte da einen giftigen Apfel. Äußerlich sah er schön aus, weiß mit roten Backen, daß jeder, der ihn erblickte, Lust danach bekam, aber wer ein Stückchen davon aß, der mußte sterben. Als der Apfel fertig war, färbte sie sich das Gesicht und verkleidete sich in eine Bauersfrau, und so ging sie über die sieben Berge zu den sieben Zwergen. Sie klopfte an. Schneewittchen streckte den Kopf zum Fenster heraus und sprach: »Ich darf keinen Menschen einlassen, die sieben Zwerge haben mir's verboten!« »Mir auch recht«, antwortete die Bäuerin, »meine Äpfel will ich schon loswerden. Da, einen will ich dir schenken.« »Nein«, sprach Schneewittchen, »ich darf nichts annehmen!« »Fürchtest du dich vor Gift?«, sprach die Alte, »siehst du, da schneide ich den Apfel in zwei Teile; den roten Backen iß, den weißen will ich essen.« Der Apfel war aber so künstlich gemacht, daß der rote Backen allein vergiftet war. Schneewittchen lusterte den schönen Apfel an, und als es sah, daß die Bäuerin davon aß, so konnte es nicht länger widerstehen, streckte die Hand hinaus und nahm die giftige Hälfte. Kaum aber hatte es einen Bissen davon im Mund, so fiel es tot zur Erde nieder. Da betrachtete es die Königin mit grausigen Blicken und lachte überlaut und sprach: »Weiß wie Schnee, rot wie Blut, schwarz wie Ebenholz! Diesmal können dich die Zwerge nicht wieder erwecken.« Und als sie daheim den Spiegel befragte:

»Spieglein, Spieglein an der Wand,
wer ist die Schönste im ganzen Land?«,
so antwortete er endlich:
»Frau Königin, Ihr seid die Schönste im Land.«

Da hatte ihr neidisches Herz Ruhe, so gut ein neidisches Herz Ruhe haben kann.

Die Zwerglein, wie sie abends nach Haus kamen, fanden Schneewittchen auf der Erde liegen, und es ging kein Atem mehr aus seinem Mund, und es war tot. Sie hoben es auf, suchten, ob sie was Giftiges fänden, schnürten es auf, kämmten ihm die Haare, wuschen es mit Wasser und Wein, aber es half alles nichts; das liebe Kind war tot und blieb tot. Sie legten es auf eine Bahre und setzten sich alle siebene daran und beweinten es und weinten drei Tage lang. Da wollten sie es begraben, aber es sah noch so frisch aus wie ein lebender Mensch und hatte noch seine schönen, roten Backen. Sie sprachen: »Das können wir nicht in die schwarze Erde versenken«, und ließen einen durchsichtigen Sarg von Glas machen, daß man es von allen Seiten sehen konnte, legten es hinein und schrieben mit goldenen Buchstaben seinen Namen darauf und daß es eine Königstochter wäre. Dann setzten sie den Sarg hinaus auf den Berg, und einer von ihnen blieb immer dabei und bewachte ihn. Und die Tiere kamen auch und beweinten Schneewittchen, erst eine Eule, dann ein Rabe, zuletzt ein Täubchen. Nun lag Schneewittchen lange, lange Zeit in dem Sarg und verweste nicht, sondern sah aus, als wenn es schliefe, denn es war noch so weiß wie Schnee, so rot wie Blut und so schwarzhaarig wie Ebenholz. Es geschah aber, daß ein Königssohn in den Wald geriet und zu dem Zwergenhaus kam, da zu übernachten. Er sah auf dem Berg den Sarg und das schöne Schneewittchen darin und las, was mit goldenen Buchstaben darauf geschrieben war. Da sprach er zu den Zwergen: »Laßt mir den Sarg, ich will euch geben, was ihr dafür haben wollt.« Aber die Zwerge antworteten: »Wir geben ihn nicht für alles Gold in der Welt.« Da sprach er: »So schenkt mir ihn, denn ich kann nicht leben, ohne Schneewittchen zu sehen, ich will es ehren und hochachten wie mein Liebstes.« Wie er so sprach, empfanden die guten Zwerglein Mitleid mit ihm und gaben ihm den Sarg. Der Königssohn ließ ihn nun von seinen Dienern auf den Schultern forttragen. Da geschah es, daß sie über einen Strauch stolperten, und von dem Schüttern fuhr der giftige Apfelgrütz, den Schneewittchen abgebissen hatte, aus dem Hals. Und nicht lange, so öffnete es die Augen, hob den Deckel vom Sarg in die Höhe und richtete sich auf und war wieder lebendig. »Ach Gott, wo bin ich?«, rief es. Der Königssohn sagte voll Freude: »Du bist bei mir«, und erzählte, was sich zugetragen hatte, und sprach: »Ich habe dich lieber als alles auf der Welt; komm mit mir in meines Vaters

Schloß, du sollst meine Gemahlin werden.« Da war ihm Schneewittchen gut und ging mit ihm, und ihre Hochzeit ward mit großer Pracht und Herrlichkeit angeordnet. Zu dem Feste wurde aber auch Schneewittchens gottlose Stiefmutter eingeladen. Wie sie sich nun mit schönen Kleidern angetan hatte, trat sie vor den Spiegel und sprach:

»Spieglein, Spieglein an der Wand,
wer ist die Schönste im ganzen Land?«

Der Spiegel antwortete:

»Frau Königin, Ihr seid die Schönste hier,
aber die junge Königin ist noch tausendmal schöner als Ihr.«

Da stieß das böse Weib einen Fluch aus, und ihr ward so angst, so angst, daß sie sich nicht zu lassen wußte. Sie wollte zuerst gar nicht auf die Hochzeit kommen, doch ließ es ihr keine Ruhe, sie mußte fort und die junge Königin sehen. Und wie sie hineintrat, erkannte sie Schneewittchen, und vor Angst und Schrecken stand sie da und konnte sich nicht regen. Aber es waren schon eiserne Pantoffel über Kohlenfeuer gestellt und wurden mit Zangen hereingetragen und vor sie hingestellt. Da mußte sie in die rotglühenden Schuhe treten und so lange tanzen, bis sie tot zur Erde fiel.

Zwischen Glamour und Glassarg

Schneewittchen oder: Wie bekommt man einen Prinzen?

Alles Neue beginnt mit einem Schmerz.

Ganz beiläufig oft, unbewusst, mitten im gewohnten, immer gleichen Trott, durchfährt uns so ein Schmerz, wird uns blitzartig etwas bewusst – und nichts ist mehr so, wie es vorher war.

Die Königin sitzt am Fenster, näht, schaut gedankenverloren in das Schneegestöber hinaus – plötzlich sticht sie sich mit der Nadel in den Finger, und drei Tropfen Blut fallen in den Schnee.

So beginnt das Märchen von Schneewittchen, mit einfachen Bildern von großer poetischer Dichte und hintergründiger Symbolik.

Schneewittchen (niederdeutsch, frei übersetzt »die kleine weiße Schneeflocke«) existiert als Märchenmotiv in allen europäischen Ländern und Sprachen. Besonders beliebt ist es in Italien; dort fallen die berühmten Blutstropfen der traurigen Königin nicht in den Schnee, sondern auf einen Marmorboden. Eine einschlägige Story von einer bildschönen Tochter, einer eifersüchtigen Stiefmutter und einem vergifteten Kamm findet sich schon in Giambattista Basiles Sammlung *Pentamerone*.
Der Weimarer Literaturkritiker, Satiriker und Märchensammler Johann Karl August Musäus präsentierte in seinen *Volksmährchen der Deutschen* (1782 – 1786) die mittelalterliche

Sage von der schönen Richilde, Tochter des Grafen von Brabant (und des berühmten Albertus Magnus, des Beichtvaters der Gräfin, wie man im Volk munkelte). Albertus schenkt der Gräfin einen metallischen Zauberspiegel, der ihr alle ernsthaften Fragen beantworten, aber erblinden wird, sollte sein Besitzer ein unanständiges Leben führen. Richilde erbt den Wunderspiegel und weil sie ihre zahlreiche Verehrer in blutige Turniere schickt und einen verheirateten Mann umgarnt, beginnt der Spiegel schnell zu rosten. Die Frau ihres Liebhabers stirbt vor Gram, deren hübsches Töchterchen Blanca bekommt die ränkesüchtige Richilde zur Stiefmutter, und die aus *Schneewittchen* bekannten Mordanschläge nehmen ihren Lauf, hier mit einem vergifteten Granatapfel, einer präparierten Seife und einem mit todbringenden Essenzen parfümierten Brief.

Die Brüder Grimm haben in diesen Vorlagen ziemlich herumgewildert. Ein paar Jahre später veröffentlichte Alexander Puschkin eine ähnliche Geschichte, in Versform unter dem Titel *Das Märchen von der toten Prinzessin und den sieben Recken.*

Der gruselig-amüsante und erotisch funkelnde Mythos zieht noch heute: *Schneewittchen* nennen sich Sexclubs, »Märchenpensionen« am Waldrand und auch ein »Förderverein für Ertrinkungskinder im Wachkoma«. Den in der Nachkriegszeit geschätzten Messerschmitt Kabinenroller KR 200 mit seiner aufklappbaren Plexiglaskuppel nannte man Schneewittchensarg. Die Walt Disney Studios bestritten 1937 mit *Snow White and the Seven Dwarfs* ihren ersten abendfüllenden Zeichentrickfilm; der Stoff wurde 1970 auch in der Türkei verfilmt *(Pamuk Prenses ve 7 cüceler)* und 1997 als Horrorszenario verfremdet *(Snow White; A Tale of Terror)*.

Winter im Herzen

Winter herrscht in der Welt – und im Herzen einer Frau, die Träume hat, aber keine Hoffnung. Sie wünscht sich ein Kind, das die asketisch-kühle Farbe des Schnees und das vitale, lebenssprühende, sinnliche Rot des Blutes vereint. Da klingt Verzweiflung mit, Müdigkeit – und ein winziger Rest Zuversicht, ein Kind könne alles verändern. Ihr Kind; sie sagt nicht »wir«. Der König, der doch eigentlich mitgemeint sein müsste, kommt nicht vor. Kein Partner, keine Familie, keine Liebe, keine Perspektiven. Nur ein kalter Fensterplatz im Schneegestöber, einsam und trostlos.

Stattdessen kommt eine dritte Farbe ins Spiel: das Schwarz des Fensterrahmens, das die Träumerin umgibt wie der Rand einer Todesanzeige. Das Fenster ist freilich auch wieder so ein bescheidenes Stückchen Vertrauen: Vielleicht gibt es draußen doch noch etwas, für das es sich zu leben lohnt. Vielleicht können die selbst gesetzten Grenzen überschritten werden.

Oder weiß die Königin bereits, dass ihr Traum erfüllt worden ist? Ist sie schwanger und näht sie ein Kleidungsstück für ihr Kind, so voll aufgeregter Vorfreude, dass sie sich in den Finger sticht?

Die Blutstropfen im Schnee könnten den Zusammenstoß von Unschuld mit sexuellem Begehren signalisieren, die Ablösung der sterilen Trostlosigkeit durch neue Aktivität, durch Gefühl und Leidenschaft. Weiß, rot, schwarz wird von C.G. Jung als eine Farbenfolge interpretiert, die in der Kulturgeschichte, besonders in der mittelalterlichen Alchemie, für menschliche Wandlungs- und Entwicklungsprozesse steht. Vielleicht ist das aber auch alles nur angestrengte Kaffeesatzleserei und die Königin malt sich mit den drei Farben einfach ein besonders hübsches, quicklebendiges Kind aus.

Kaum hat sie ihren Traum zur Welt gebracht, stirbt sie – im Märchen immer ein Bild für Wandel und Ablösung. Nun taucht, zum ersten und einzigen Mal, der König auf, sehr ungünstig charakterisiert durch eine unglückliche neue Partnerwahl. Die Stiefmutter des kleinen Schneewittchens ist schön, aber eitel und hochfahrend. Wie oft bei solchen Märchenmotiven gibt es die Theorie, dass Mutter und Stiefmutter dieselbe Person sind beziehungsweise verschiedene Facetten ein und derselben Person.

Schneewittchens Mutter: Eine Frau, die sich leidenschaftlich nach einem Kind sehnt und dieses Kind gleichzeitig (oder wenig später) nur noch los werden und grausam töten will? Hat sie sich das Kind nur »gewünscht«, weil das per gesellschaftlicher Rollenzuweisung zu einer richtigen Frau gehört, und hat sie erschrocken festgestellt, dass sie es gar nicht lieben kann? Oder hat umgekehrt Schneewittchen seiner Mutter – als einer ungeliebten Konkurrentin – den frühen Tod gewünscht? Märchen sind immer vieldeutig, sprechen verschiedene Situationen im Leben der Leser und Hörer an und sollten nie zu eng ausgelegt werden.

Schneewittchen hat wirklich gelebt – und zwar im 16. Jahrhundert im hessischen Bad Wildungen. Das behauptet jedenfalls der Heimatforscher Eckhard Sander. Dokumente im Stadtarchiv erzählen von einer mit berückender Schönheit und einer strengen Stiefmutter gesegneten *Margarethe von Waldeck*, die als 16-Jährige an den Hof von Brabant (heute Brüssel) geschickt wurde, um mit dem spanischen Thronfolger Philipp verheiratet zu werden. Was den Neid anderer Bewerberinnen erregte: Margarethe wurde plötzlich immer schwächer und starb 1554 21-jährig, angeblich mit Arsen vergiftet. Margarethe war zwar blond, während Schneewittchen bekanntlich schwar-

ze Haare »wie Ebenholz« hatte – doch in der Urfassung der Brüder Grimm ist von »gelben« Haaren die Rede.
Auch die Zwerge hat Sander lokalisiert: in den nordhessischen Bergwerken, wo unterernährte Kinder ausgebeutet wurden und wegen ihrer ständigen gebückten Haltung verkrüppelten. Aber auch in Lohr am Main gibt es ein »Schneewittchen-Schloss«, wo ein verwitweter Landgraf mit einer Tochter *Maria von Erthal* wohnte, die sich mit ihrer Stiefmutter nicht verstand und auf deren Geheiß von einem Förster aus dem Weg geräumt werden sollte. Auch dort im Spessart gab es Bergwerke und direkt neben den Stollen Hütten für die Arbeiter. Und Lohr, ein Zentrum der Glasverarbeitung, war für seine Spiegel berühmt; das *Sprechende Spieglein* der bösen Königin ist im Schlossmuseum ausgestellt.
Langenbach im Taunus beansprucht ebenfalls Rechte auf das historische Schneewittchen; ein Tal ganz in der Nähe heißt seit Urzeiten *Im Zwerggrund.* Natürlich wurde in Langenbach Bergbau betrieben. Allerdings auch im niedersächsischen Osterwald im Leinebergland, wo das kostbare Lauensteiner Glas hergestellt wurde und ein Höhenzug heute noch *Die Sieben Berge* heißt; die Tourismusmanager haben den schönsten Wanderweg dort selbstverständlich längst *Schneewittchenpfad* getauft.

Sicher ist nur, dass die Stiefmutter die klassische Narzisstin ist, verliebt in ihr eigenes Spiegelbild wie der wunderschöne Jüngling Narziss im griechischen Mythos. Das war nämlich die Strafe, die sich die Göttin Artemis für seine Arroganz ausgedacht hatte: Er lag stundenlang an einer silberklaren Quelle, versuchte sein Spiegelbild im Wasser zu küssen und verzweifelte bald an seiner unerfüllbaren Liebe. Irgendwann stürzte er vor lauter Begeisterung oder Qual ins Wasser und ertrank.

Ein Narziss wird in der unglückseligen Konzentration auf die eigene Schönheit zwangsläufig einsam und liebesunfähig, er kann andere Menschen nur als Bewunderer ertragen und muss ihre Qualitäten herunterspielen, er kann auch sich selbst nicht wirklich lieben, weil er ein unrealistisches und lückenhaftes Selbstbild hat. Charakter ersetzt er durch Pose, Sein durch Scheinen, Leben durch Auftritt. Im Grunde leidet er an einem Minderwertigkeitskomplex; die eigene strahlende Schönheit ist offenbar das einzige, worauf er stolz sein kann, und deshalb zerfrisst ihn mit zunehmendem Alter der aggressive Neid auf alle, die jünger, besser durchtrainiert, sexuell anziehender und chancenreicher sind.

Als Durchgangsstadium ist Narzissmus in der kindlichen Entwicklung laut Sigmund Freud notwendig. Wenn der erwachsene Mensch in dieses Stadium zurückfällt, ist etwas in ihm kaputt, er bezahlt dafür mit Depressionen und feindseligen Impulsen. Schlimm, dass die Stiefmutter Schneewittchen höchstwahrscheinlich mit ihrem Narzissmus infiziert hat, sonst würde es später nicht so bereitwillig auf ihre Versprechungen hereinfallen, es noch schöner zu machen. Nicht nur die Stiefmutter, auch Schneewittchen hat Schwierigkeiten, ein weibliches Selbstbild zu entwickeln, das sich nicht nur über Schönheit und erotische Attraktivität definiert. Wie soll es auch ohne Probleme abgehen, wenn sich ein Kind mit einem Menschen identifizieren muss und möchte, der ihm ans Leben will!

Schneewittchens Jugend steht jedenfalls unter keinem guten Stern. Es spürt, dass es irgendwie schuld ist an der mürrischen Frustration seiner schönen Stiefmutter, es fühlt sich schuldig, weil es hübsch und begehrenswert ist, es gibt sich womöglich auch noch die Schuld am Tod der Mutter (wenn wir die Theorie, dass Mutter und Stiefmutter identisch sind, einmal beiseite lassen), es hat wohl keine Freunde. Der Vater kommt im

Märchen, kaum hat er geheiratet, nicht mehr vor, allenfalls ein Ersatzvater in Gestalt des Jägers, der es nicht fertig bringt, den Befehl der Stiefmutter auszuführen und Schneewittchens »unschuldiges Herz« auszulöschen.

Dass die hochmütige Frau das nicht selbst tut, deutet auf eine gewisse Ambivalenz im Verhältnis zur Tochter hin; rechnet sie halb unbewusst mit der Möglichkeit, dass das Kind überlebt? Andererseits ist der Auftrag eindeutig. Herz und Leber – Sitz des Lebens und der Seele beziehungsweise der Gefühlswelt – soll der Jäger als Mordtrophäen heimbringen. Das Gefressenwerden durch Elternfiguren spielt in den Märchen und in den Riten der Naturvölker eine auffallende Rolle; Kinder scheinen darin nicht nur eine Gefahr zu sehen, sondern auch eine interessante Möglichkeit der Identifizierung und Symbiose.

Die Flucht ins Zwergenhaus

Schneewittchen ist ein ausgesprochen ungemütliches Märchen. Man hat es als Familiengeschichte voller Aggression und Hass gelesen (und darauf verwiesen, dass 85 Prozent aller Gewalttaten nicht in Kriegen oder Revolutionen, sondern in der Familie verübt werden). Man kann es auch als Geschichte eines enorm gefährdeten Reifungs- und Entwicklungsprozesses verstehen: Wie vermag ein Kind neben so einer ichbesessenen, kontaktgestörten, liebesunfähigen Person wie der »Frau Königin« erwachsen werden, attraktiv für einen Partner und lernen, gelassen mit der eigenen Schönheit umzugehen?

> »Es sieht so aus, als ob Schneewittchen durch seine Adoleszenz-Konflikte und -Wünsche zugrunde gerichtet würde. Aber das Märchen weiß es besser, und es lehrt das Kind noch etwas Wichtiges: Wenn Schneewittchen die Gefahren, die das Er-

> wachsenwerden mit sich bringt, nicht durchlebt und gemeistert hätte, hätte es nie seinen Königssohn bekommen.«[8]
>
> Bruno Bettelheim

Zunächst einmal wünscht sich das Kind einfach weg. Dass Schneewittchen im Wald ausgesetzt wird, erscheint bei näherem Zusehen als Glücksfall, denn im Zwergenhaus findet es einen Rückzugs- und Zufluchtsort, wo es sich ungestört entwickeln kann. Der Wald ist im Märchen immer ein magischer Bereich, wo alles möglich ist, irdische Begrenzungen aufgehoben sind, aber er verkörpert auch die Abgründe der Seele mit ihren Ängsten und Sehnsüchten – Hexen und Feen -, das innere Dunkel und die ungeahnten Kräfte des Herzens. Wer so einen Märchenwald durchwandert, kommt in der Regel verwandelt heraus: stärker, ernsthafter, bescheidener, gereift.

Merkwürdig erscheint uns freilich, dass dieser Reifungsprozess in einem Zwergenhäuschen stattfindet. Flieht Schneewittchen nun in eine Kinderwelt, statt sich dem Konflikt mit der Stiefmutter zu stellen, das Recht auf das eigene Frausein einzufordern, die Konkurrenz um die Aufmerksamkeit der Männerwelt bewusst aufzunehmen? Putzige Zwerge, die eine Haushaltshilfe suchen und mit denen man allenfalls Fangen spielen kann, statt eines forschen Prinzgemahls, der Schneewittchen gegen die Ränke der Stiefmutter verteidigt hätte?

Mit solchem Argwohn tut man beiden Unrecht: Schneewittchen und der Zwergenschar. Denn welche reelle Chance hätte ein zum Kämpfen entschlossenes Schneewittchen gehabt gegen eine mordlüsterne, machtbesessene Schlossherrin, die ihren Angestellten so mir nichts, dir nichts den Befehl zum Töten geben kann? Und die Zwerge mögen für tiefenpsychologisch versierte Märchenausleger Miniaturmenschlein sein und geschlechtslose Männchen, die für ein gerade voll erblühendes

Schneewittchen – bald wird es ein Mieder brauchen, um die Brüste vorteilhaft zur Schau zu stellen – keine Gefahr bilden.

Unnachahmlich alberne Namen haben die Zwerge in der Erzähltradition hierzulande: Sie heißen Seppl, Hatschi, Pimpel, Schlafmütze. Viel netter hört sich die Namensliste in Italien an: Cucciolo, Eolo, Dotto, Mammolo, Pisolo, Gongolo, Brontolo (und Biancaneve für Schneewittchen). Oder auf englisch: Dopey, Sneezy, Sleepy, Happy, Grumpy (und Snow White). Elegant wie immer die Franzosen: Sie nennen ihre Zwerge Simplet, Timide, Dormeur, Joyeux, Grincheux, und Schneewittchen heißt bei ihnen Blancheneige. In Spanien trifft Blancanieves auf Mocoso, Sabio, Dormilón, Feliz und Grunón.

In der Kulturgeschichte waren Zwerge immer energiegeladene Naturwesen, die der Erde ihre Geheimnisse und Schätze entreißen, das Wissen von Jahrhunderten besitzen und sich des menschlichen Unterbewusstseins bemächtigen können. Manchmal tragen sie die Züge entthronter Götter. Und so asexuell können sie auch nicht sein, tragen sie doch stolz ihre roten Zipfelmützen, die unschwer als Phallussymbol entschlüsselt werden können.

Man möchte Schneewittchen wünschen, dass es jetzt endlich jemand wegen seines Wesens oder Charakters lieb gewinnt; aber auch die Zwerge dulden es nur deshalb in ihrem Haus und sind nur deshalb gleich so freundlich zu ihm, weil es »so schön« ist. In einer von Sigmund Freud herausgegebenen Zeitschrift für Psychoanalyse wurde allerdings 1934 die Meinung vertreten, die Zwerge könnten Brüder von Schneewittchen sein, Geschwister, die bekanntlich gern einen Bund gegen die Eltern schließen.

Schneewittchens Leben bei den sieben Zwergen (Sieben ist die Zahl der Fülle, auch der Seele.) hat gewiss etwas von Regression ins kindliche Ich: Es macht sich und seine Ansprüche klein, so klein, dass es in einen Käfig passt und der Stiefmutter nicht mehr gefährlich werden kann, es wartet aus lauter Angst mit dem Erwachsenwerden. Aber das ist wieder einmal nur die eine Seite. Für die Zwerge – bekannt als fleißige Arbeiter unter Tage – tätig zu sein, für sieben wenn auch kleine Männer den Haushalt zu führen, bedeutet für das bisher wohl von Zofen und Kammerjungfern bediente Prinzesschen den Sprung ins harte Leben, in die Aktivität. Es tut etwas für andere und wird nun nicht mehr nur bewundert, weil es so hübsch ist, sondern geschätzt, weil es sich arbeitsam und hilfsbereit zeigt. Im Zwergenhaus, tief im Wald, wo man das Innere entdeckt und verwandelt wird, hat Schneewittchen aber auch Zeit, sich mit den Bildern in seiner Seele zu beschäftigen, seine unausgegorenen Ängste und Sehnsüchte in eine Ordnung zu bringen.

Vergiftete Liebe

Doch weil die böse Königin einen Zauberspiegel besitzt – klassisches Attribut einer selbstverliebten Narzisstin –, bleibt ihr Schneewittchens Aufenthalt bei den netten Gnomen nicht verborgen. Geschickt verkleidet, macht sich seine Erzfeindin auf den Weg, um die lästige Konkurrentin endgültig aus dem Weg zu räumen. Oder sollten wir besser sagen, Schneewittchen ist immer noch abhängig von der Stiefmutter und ihren falschen Werten, Schneewittchen ist selbst anfällig für den schönen Schein und das oberflächliche Bewundertwerden? Sollten wir sagen, Schneewittchen irrt hilflos umher zwischen den Einflüsterungen der »Alten« und der neu entdeckten Welt der Zwerge, in der Aufrichtigkeit, Hilfsbereitschaft und Charakter zählen?

Die Ablösung wird ihr ja auch nicht leicht gemacht. Denn auch die Zwerge (»Was ist das Kind so schön!«) haben ihr erst einmal bestätigt, dass man mit äußeren Reizen Männerherzen schneller erobern kann als mit Intelligenz und der souveränen Führung eines Haushalts. Und auch die Zwerge sind, wie man weiß, ganz verrückt auf das Glitzerzeug, das sie aus ihren Bergwerken holen. Kein Wunder, dass Schneewittchen auf den buntseidenen Schnürriemen für ihr Mieder und den hübschen Kamm hereinfällt, womit sie die heimtückische »Alte« umbringen will – Accessoires für Mädchen, die sich nach ein bisschen Glamour sehnen.

Und sie scheint unbelehrbar: Zum dritten Mal lässt sie sich auf so eine unheimliche Besucherin ein, isst von ihrem vergifteten Apfel (gemeinsam Mahl zu halten, bedeutet Kommunikation, Identifikation) und fällt tot um. Der Apfel, seit biblischen Zeiten Symbol von Liebe, Sexualität und Fruchtbarkeit mit ihren guten und schlechten Seiten, lässt deutlich erkennen, dass da noch eine ambivalente Beziehung zwischen Schneewittchen und seinem früheren Leben mit der bösen Stiefmutter besteht: gesunde Nahrung und tödliches Gift, Liebe und Mordlust, vitale Erotik und Sterbenmüssen auf eine elende Weise, alles das verkörpert der rotbackige Apfel. Wobei man nicht vergessen sollte, dass Apfel und Kamm, Königin und Zwerge, Jäger und Wald und Sarg und später auch der Prinz in der Märchensprache immer auch innerseelische Vorgänge abbilden.

Und dass Katastrophen hier – und im wirklichen Leben – auch befreiend wirken können, indem sie alte Konflikte lösen helfen, neue Chancen eröffnen. Psychoanalytisch geprägte Märchendeuter wie Bruno Bettelheim sehen in Schneewittchens Appetit auf die rote Apfelhälfte natürlich gleich wieder das Ende seiner Unschuld und den Durchbruch zur Sexualität: »Als Schneewittchen den roten Teil des Apfels isst, stirbt das Kind in ihm und wird in den durchsichtigen gläsernen Sarg gelegt.«[9]

In der Tat ist der Triumph der bösen Königin nur von kurzer Dauer. Schneewittchen ist den Verlockungen ihrer oberflächlichen Talmi-Welt erlegen, hat im Durchleben und Durchleiden der Giftanschläge aber auch an Reife gewonnen und wird mit einem Prinzen belohnt, während die tückische Alte eine schreckliche Strafe erfährt, die frappant zu ihrer Wesensart passt: In rot glühenden Schuhen muss sie sich zu Tode tanzen; man denkt an die Flammen der Hölle und gleichzeitig an eine obsessive, teure Leidenschaft für Kleider und High Heels.

Wichtig sind die Zwischentöne und die detaillierten Regieanweisungen: Schneewittchen liegt in einem Glassarg, das heißt, der verhängnisvolle Narzissmus ist immer noch nicht völlig überwunden. Noch im Tod lässt es sich als wunderschöne Leiche öffentlich bewundern wie manche der unverwesten (oder perfekt einbalsamierten) Heiligen in katholischen Kathedralen. Oder bedeutet die Präsentation des toten Schneewittchens die trotzige Absage an den – längst in Gang gekommenen, aber noch unvollendeten – Reifungs- und Veränderungsprozess? Schaut, das hat man mir angetan! Und damit hat sich's.

Oder soll der gläserne Sarg – in alten Märchenfassungen liegt die Schöne gar in einem Glasberg – an den Zauberspiegel erinnern und Schneewittchen damit doch wieder irgendwie an die Stiefmutter binden? Auch positive Signale sendet der Schlussteil aus: Eule, Rabe und Taube halten Totenwache, höchst bedeutsame heilige Tiere. Die Eule aus der griechischen Mythologie sieht im Dunkeln und verkörpert hintergründige Weisheit. Der Rabe aus der germanischen Sagenwelt ist nicht nur ein Todesbote, sondern Träger geheimnisvollen Wissens. Die beiden Raben Hugin und Munin, Gedanke und Gedächtnis, fliegen jeden Morgen als Kundschafter des höchsten Gottes Odin in die Welt hinaus; abends setzen sie sich auf Odins Schultern und informieren ihn über alles, was sie erfahren haben. Die Taube ist in der christlichen Tradition vom erotischen Symbol zur Verkörperung des Heiligen Geistes und des seelischen Friedens geworden. Alle drei Tiere stehen also für die Weisheit, die aus Leid und Dunkel herauswächst. Sie signalisieren: Die Geschichte ist noch nicht zu Ende, der Tod wird Schneewittchen nicht daran hindern, zu lernen und sich zu wandeln.

Und tatsächlich kommt ein Königssohn, um Schneewittchen aus seinem sargähnlichen Leben, seiner Abhängigkeit von der Stiefmutter, seiner Fixierung auf äußere Werte zu retten. Das schafft er, indem er es aufrichtig und entschlossen so liebt, wie es ist. »Ehren und hochachten« will er das Mädchen, er verlangt nichts von ihm, er will sich nicht schmücken mit der schönen Leiche, er wird es nicht seiner Lust dienstbar machen, er will es nur anschauen und lieb haben. Darauf hat Schneewittchen sehnsüchtig gewartet, als es noch lebendig war, und deshalb kann jetzt alles gut werden.

Bezeichnend, wie behutsam der Prinz mit der Toten umgeht: Er lädt den Sarg nicht etwa auf einen Karren oder eine Lafette, sondern weist seine vertrauten Diener an, ihn auf ihren Schultern davon zu tragen, sanft und respektvoll. Dabei geschieht das Wunder: Die Träger stolpern, der vergiftete »Apfelgrütz« springt Schneewittchen aus der Kehle, und das Mädchen erwacht aus dem Todesschlaf.

Frühere Märchenfassungen waren weniger sensibel: Da schlägt eine mürrische Magd, die sich über die morbide Verliebtheit des Prinzen ärgert, dem toten Schneewittchen auf den Mund, worauf das Apfelstückchen herausfällt. Oder der Sarg wird auf ein Pferd gebunden, das ihn davontragen soll, wohin der Zufall will. Oder man setzt den Sarg der Strömung eines Flusses aus. Oder der König taucht auf und lässt Schneewittchen durch seine Ärzte ins Leben zurückholen (so in der ersten

Fassung der Brüder Grimm). Bei Giambattista Basile ist es sogar die Stiefmutter selbst, die sich noch an der toten Rivalin vergreift, sie an den Haaren packt – und damit freilich ungewollt wieder lebendig macht.

Erst in der Endfassung der Brüder Grimm bekommt Schneewittchen auf seine erstaunte Frage »Wo bin ich?«, die wunderschöne Antwort »Du bist bei mir«.

Eine Witwe hatte zwei Töchter, davon war die eine schön und fleißig, die andere häßlich und faul. Sie hatte aber die häßliche und faule, weil sie ihre rechte Tochter war, viel lieber, und die andere mußte alle Arbeit tun und der Aschenputtel im Hause sein. Das arme Mädchen mußte sich täglich auf die große Straße bei einem Brunnen setzen und mußte so viel spinnen, daß ihm das Blut aus den Fingern sprang. Nun trug es sich zu, daß die Spule einmal ganz blutig war, da bückte es sich damit in den Brunnen und wollte sie abwaschen; sie sprang ihm aber aus der Hand und fiel hinab. Es weinte, lief zur Stiefmutter und erzählte ihr das Unglück. Sie schalt es aber so heftig und war so unbarmherzig, daß sie sprach: »Hast du die Spule hinunterfallen lassen, so hol sie auch wieder herauf.« Da ging das Mädchen zu dem Brunnen zurück und wußte nicht, was es anfangen sollte; und in seiner Herzensangst sprang es in den Brunnen hinein, um die Spule zu holen. Es verlor die Besinnung, und als es erwachte und wieder zu sich selber kam, war es auf einer schönen Wiese, wo die Sonne schien und vieltausend Blumen standen. Auf dieser Wiese ging es fort und kam zu einem Backofen, der war voller Brot; das Brot aber rief: »Ach, zieh mich raus, zieh mich raus, sonst verbrenn ich: Ich bin schon längst ausgebacken.« Da trat es herzu und holte mit dem Brotschieber alle nacheinander heraus. Danach ging es weiter und kam zu einem Baum, der hing voll Äpfel, und rief ihm zu: »Ach, schüttel mich, schüttel mich, wir Äpfel sind alle miteinander reif.« Da schüttelte es den Baum, daß die Äpfel fielen, als regneten sie, und schüttelte, bis keiner mehr oben war; und als es alle in einen Haufen zusammengelegt hatte, ging es wieder weiter. Endlich kam es zu einem kleinen Haus, daraus guckte eine alte Frau, weil sie aber so große Zähne hatte, ward ihm angst, und es wollte fortlaufen. Die alte Frau aber rief ihm nach: »Was fürchtest du dich, liebes Kind? Bleib bei mir, wenn du alle Arbeit im Hause ordentlich tun willst, so soll dir's gut gehn. Du mußt nur achtgeben, daß du mein Bett gut machst und es fleißig aufschüttelst, daß die Federn fliegen, dann schneit es in der Welt; ich bin die Frau Holle.« Weil die Alte ihm so gut zusprach, so faßte sich das Mädchen ein Herz, willigte ein und begab sich in ihren Dienst. Es besorgte auch alles nach ihrer Zufriedenheit und schüttelte ihr das Bett immer gewaltig, auf daß die Federn wie Schneeflocken umherflogen; dafür hatte es auch ein gut Leben bei ihr, kein böses Wort und alle Tage Gesottenes und Gebratenes. Nun war es eine Zeitlang bei der Frau Holle, da ward es traurig und wußte anfangs selbst nicht, was ihm fehlte, endlich merkte es, daß es Heimweh war; ob es ihm hier gleich vieltausendmal besser ging als zu Haus, so hatte es doch ein Verlangen dahin. Endlich sagte es zu ihr: »Ich habe den Jammer nach Haus gekriegt, und wenn es mir auch noch so gut hier unten geht, so kann ich doch nicht länger bleiben, ich muß wieder hinauf zu den Meinigen.« Die Frau Holle sagte: »Es gefällt mir, daß du wieder nach Haus verlangst, und weil du mir so treu gedient hast, so will ich dich selbst wieder hinaufbringen.« Sie nahm es darauf bei der Hand und führte es vor ein großes Tor. Das Tor ward aufgetan, und wie das Mädchen gerade darunterstand, fiel ein gewaltiger Goldregen, und alles Gold blieb an ihm hängen, so daß es über und über davon bedeckt war. »Das sollst du haben, weil du so fleißig gewesen bist«, sprach die Frau Holle und gab ihm auch die Spule wieder, die ihm in den Brunnen gefallen war. Darauf ward das Tor verschlossen, und das Mädchen befand sich oben auf der Welt, nicht weit von seiner Mutter Haus; und als es in den Hof kam, saß der Hahn auf dem Brunnen und rief:

»Kikeriki, unsere goldene Jungfrau ist wieder hie.«

Da ging es hinein zu seiner Mutter, und weil es so mit Gold bedeckt ankam, ward es von ihr und der Schwester gut aufgenommen.

Das Mädchen erzählte alles, was ihm begegnet war, und als die Mutter hörte, wie es zu dem großen Reichtum gekommen war, wollte sie der andern, häßlichen und faulen Tochter gerne dasselbe Glück verschaffen. Sie mußte sich an den Brunnen setzen und spinnen; und damit ihre Spule blutig ward, stach sie sich in die Finger und stieß sich die Hand in die Dornhecke. Dann warf sie die Spule in den Brunnen und sprang selber hinein. Sie kam, wie die andere, auf die schöne Wiese und ging auf demselben Pfade weiter. Als sie zu dem Backofen gelangte, schrie das Brot wieder: »Ach, zieh mich raus, zieh mich raus, sonst verbrenn ich, ich bin schon längst ausgebacken.« Die Faule aber antwortete: »Da hätt ich Lust, mich schmutzig zu machen«, und ging fort. Bald kam sie zu dem Apfelbaum, der rief: »Ach, schüttel mich, schüttel mich, wir Äpfel sind alle miteinander reif.« Sie antwortete aber: »Du kommst mir recht, es könnte mir einer auf den Kopf fallen«, und ging damit weiter. Als sie vor der Frau Holle Haus kam, fürchtete sie sich nicht, weil sie von ihren großen Zähnen schon gehört hatte, und verdingte sich gleich zu ihr. Am ersten Tag tat sie sich Gewalt an, war fleißig und folgte der Frau Holle, wenn sie ihr etwas sagte, denn sie dachte an das viele Gold, das sie ihr schenken würde; am zweiten Tag aber fing sie schon an zu faulenzen, am dritten noch mehr, da wollte sie morgens gar nicht aufstehen. Sie machte auch der Frau Holle das Bett nicht, wie sich's gebührte, und schüttelte es nicht, daß die Federn aufflogen. Das ward die Frau Holle bald müde und sagte ihr den Dienst auf. Die Faule war das wohl zufrieden und meinte, nun würde der Goldregen kommen; die Frau Holle führte sie auch zu dem Tor, als sie aber darunterstand, ward statt des Goldes ein großer Kessel voll Pech ausgeschüttet. »Das ist zur Belohnung deiner Dienste«, sagte die Frau Holle und schloß das Tor zu. Da kam die Faule heim, aber sie war ganz mit Pech bedeckt, und der Hahn auf dem Brunnen, als er sie sah, rief:

»Kikeriki, unsere schmutzige Jungfrau ist wieder hie.«

Das Pech aber blieb fest an ihr hängen und wollte, solange sie lebte, nicht abgehen.

Gerechtigkeit für Pechmarie!

Frau Holle oder: Der achtsame Umgang mit den Dingen

Vor allem die Kinder lieben dieses Märchen mit seinen idyllischen Bildern heiß und innig: die Blumenwiese mit Backofen und Apfelbaum, die Bettfedern der Frau Holle, die wie Watteflocken auf die Erde herabsegeln und zu Schlittenfahrten und Schneeballschlachten einladen, der Goldregen am Tor – aber auch das herrlich schadenfrohe Gefühl, wenn das brave Mädchen belohnt und seine ungeratene Schwester bestraft wird. 2006 hat man *Frau Holle* zu »Deutschlands schönstem Märchen« gekürt.

Doch hinter der freundlichen Fassade tut sich eine dunkle Welt mit unheimlichen Zügen auf. Merkwürdig genug, dass die schöne Blumenwiese mit Frau Holles Häuschen unter der Erde liegt, nur durch einen finsteren Brunnenschacht erreichbar, und gleichzeitig hoch über den Wolken, wo die Schneeflocken ihre Reise antreten. Und erst die Frau Holle! Kulturhistoriker und Matriarchatsforscherinnen haben sich die Finger wund geschrieben, um die freundliche Hausfrau mit dem großen Bett und der guten Küche als germanische Göttin Hulda, als neuheidnische Kultfigur, deutsche Variante der römischen Diana, Inbegriff der *Großen Mutter* oder mächtige Vegetationsdämonin zu entlarven. Lauter interessante Deutungen, die heute meist in das Reich der Spekulation verwiesen werden. Es bleibt die sonderbare Ambivalenz dieser Figur, die belohnt und rächt, irdische Ungerechtigkeiten ausgleicht und einer ganz normal unerzogenen Göre ein grässliches Schicksal beschert.

Goldmarie und **Pechmarie** hat 1845 der Archivar, Dichter und Märchensammler Ludwig Bechstein erfunden beziehungsweise seine Gewährsfrau Wilhelmine Mylius, selbst eine talentierte Schriftstellerin, die ihm den Stoff aus volkstümlicher Erzähltradition lieferte. Bei den Brüdern Grimm, die sich das Märchen von Wilhelm Grimms späterer Frau Henriette Dorothea Wild erzählen ließen – ebenfalls aus hessischem Volksgut – und 1812 veröffentlichten, hatten die beiden Schwestern noch keine Namen.

Die Geschichten von **Frau Holle** waren in den Spinnstuben vor allem in Hessen und Thüringen zu Hause, enthalten aber uralte Überlieferungen aus der germanischen Kultur und Religion, wie Jakob Grimm selbst 1875 in seiner *Mythologie* betonte. Danach war *Frau Hulda*, die Huldvolle, Freundliche (in Skandinavien *Huldre*, im Süddeutschen *Berchta* oder *Perchta*, »die Glänzende, Leuchtende«) ein Beiname der Göttin *Frigg* oder *Freya*. Sie hielt sich gern in Seen oder Brunnen auf, zog Fruchtbarkeit spendend über Felder und Wiesen, brauste nachts aber auch gern als Anführerin der *Wilden Jagd* durch die Lüfte, in ihrem Gefolge Hexen, Dämonen und später auch die Seelen ungetauft gestorbener Kinder.

Bei den Brüdern Grimm ist aus dieser unheimlichen Gestalt mit den zwei Gesichtern eine freundliche alte Frau geworden, die ihre Macht über Wetter und Fluren nur noch zeigt, indem sie es aus ihren Federbetten schneien lässt.

Gibt es überhaupt ein Märchen, das nicht als Geschichte eines Ablösungskonflikts gelesen werden kann? Hier geht es wieder einmal um das Phänomen, dass Frauen einst häufig bei der

Geburt starben, der Witwer – im Interesse seiner Kinder – bald wieder heiratete und zwischen den Halbgeschwistern Rivalitäten und Hassgefühle auftraten. Es ist aber nur eine halbe Ablösungsgeschichte. Die Goldmarie (bei den Brüdern Grimm heißt sie noch ganz neutral »das Mädchen«) will ja nach Hause zurück, obwohl es ihr dort ziemlich dreckig, bei Frau Holle jedoch prächtig geht. Die aus vielen anderen Märchen bekannte Lehrzeit absolviert sie allerdings außerhalb der Familie, und am Ende wird sie wohl irgendein schöner Königssohn, von ihrer Anmut ebenso geblendet wie von ihren goldglitzernden Klamotten, auf sein Pferd heben und mit ihr in eine herrliche Zukunft davon reiten.

Tief im Brunnen wartet die Wunderwelt

Doch bei den Brüdern Grimm kommt der schöne Prinz nicht vor. Es gibt überhaupt nur Frauen in diesem Märchen. Eine allein erziehende Witwe mit zwei Töchtern, die sie sehr unterschiedlich behandelt: Die eine, ihr eigen Fleisch und Blut (und vielleicht auch ihr seelisches und charakterliches Ebenbild), verwöhnt und verzärtelt sie in einem ganz unmöglichen Ausmaß. Die andere muss die komplette Hausarbeit machen und sich auszanken lassen wie das Aschenputtel in einem anderen bekannten Märchen. Beide Male sind die als Arbeitssklavin missbrauchten Töchter nicht nur fleißig, sanft und tugendhaft, sondern auch schön; im Märchen hat Schönheit eine Menge mit Charakter, Einstellung zum Leben, richtigem Handeln zu tun.

Das sieht man auch an der zweiten Hauptbeschäftigung der braven Tochter, dem Spinnen. Der Spinnrocken ist in der Kulturgeschichte ein Markenzeichen der mütterlichen Frau und Hausregentin, er findet sich in mittelalterlichen Frauengräbern, und auf alten Verkündigungsbildern sitzt Maria am Spinnrocken, als der Engel bei ihr eintritt. Die Spindel: Symbol des aktiven Lebens und zugleich – weil sie sich unentwegt dreht – der ehernen Lebensgesetze und der Ewigkeit.

Die »Goldmarie« spinnt draußen am Brunnen, wo sie den Flachs rasch anfeuchten kann – und wo das Lebenswasser aus dem tiefen Grund des Seins entspringt, wo sich Geheimnisse offenbaren und das Unbewusste spricht. Der biblische Josef wird von seinen missgünstigen Brüdern in einen Brunnen geworfen wie in ein Grab – doch dort beginnt die Geschichte seiner märchenhaften Karriere, die ihn nach der Befreiung aus der Zisterne in die Dienste des Pharaos von Ägypten führt.

Am Brunnen, weit entfernt von der (ohnehin kaum vorhandenen) Geborgenheit ihrer Familie, macht Goldmarie Erfahrungen, die ihre träge Schwester nicht einmal ahnt. Dass sie auf Geheiß ihrer hartherzigen Stiefmutter in den Brunnen springen muss, um die verlorene Spindel wieder zu beschaffen, potenziert diese kostbaren Erfahrungen nur. Was für ein verwegener Entschluss, in die finstere Tiefe zu hechten, ohne zu wissen, was sie erwartet! In diesem Augenblick trennt sich Goldmarie endgültig von ihrem trivialen Alltag, begegnet den Kräften ihrer eigenen Seele, entdeckt eine Wunderwelt, die ganz neu ist und zugleich immer schon bekannt.

Denn die Blumenwiese am Grund des Brunnens und am Ende einer barmherzigen Ohnmacht wird geschildert wie die Rückkehr in den Mutterschoß oder wie eine Neugeburt nach schwerer Krankheit: Heimat, Glück, satte Farben, blühendes Leben, Natur pur. Hier entspringen Quellen und Wurzeln, hier reifen Äpfel und duftet frisches Brot, während weit entfernt auf der Erde, wie wir gleich erfahren werden, der Winter regiert.

Von der abhanden gekommenen Spindel ist übrigens keine Rede mehr. Feministische Interpretinnen entdecken in der blutigen Spindel den Niederschlag erster Menstruationserfahrungen und den erschrockenen Widerstand gegen das Reifen zur Frau. Doch das Märchen will mit dem kleinen Unfall wohl nur zeigen, dass Goldmarie zwar enorm fleißig, aber eben auch ungeschickt ist wie jedes Kind, das etwas Schwieriges lernt. Oder sollen wir voller Mitgefühl feststellen, wie sich das arme Mädel im Dienst seiner grässlichen Stiefmutter buchstäblich bis aufs Blut abrackert?

Viel wichtiger erscheint die selbstverständliche Umsicht, mit der Goldmarie auf den »Ruf der Dinge«[10] reagiert, wie es die Psychotherapeutin und Religionspsychologin Ingrid Riedel nennt. Ihre faule Schwester, die Pechmarie, wird später das ausgebackene Brot verkohlen und die reifen Äpfel verfaulen lassen; sie könnte sich ja schmutzig machen oder am Ofen verbrennen, sie denkt nur an sich, die Gaben der Schöpfung sind ihr gleichgültig, sie ist nicht bereit, Verantwortung für die Umwelt zu übernehmen.

Ganz anders Goldmarie, die nicht nur weiß, wann es an der Zeit ist, den Backofen zu leeren und das Obst zu ernten, sondern auch entschlossen zupackt. Ingrid Riedel vergleicht sie mit den Vestalinnen im antiken Rom, die das heilige Herdfeuer hüteten und damit einen priesterlichen Dienst am Leben leisteten. Ähnlich wie Frau Holle, die in diesem Märchen als »Meisterin der reifenden Dinge, der Jahreszeiten, der Lebenszyklen«[11] erscheint. Ähnlich wie Goldmarie, die an Frau Holles Dienst teilnimmt und so selbst zur Frau reift.

Äpfel, Gänsefedern und eine Welt, die im Lot ist

Im Nu schickt das Märchen die fleißige Goldmarie durch sämtliche Jahreszeiten, von der Frühlingswiese zur sommerlichen Getreideernte, deren Ergebnis im Backofen auf sie wartet, von den Herbstäpfeln bis zum Schnee aus Frau Holles Federbett. Es ist eine Welt, die gut zu den Menschen ist, wenn diese wiederum achtsam mit der Schöpfung umgehen. »Alles, was in der Ordnung Gottes steht, antwortet einander«[12], wusste die heilkundige Äbtissin und Naturforscherin Hildegard von Bingen im 12. Jahrhundert. Menschen wie Goldmarie hören, was die Dinge sagen und was ihre Mitgeschöpfe brauchen.

Das Märchen ist voll elementarer Symbole. Das Brot, im Abendland das Grundnahrungsmittel überhaupt, hat immer auch schon eine spirituelle Bedeutung; Brot steht für Leben, Brotbrechen für Gemeinschaft. Der Backofen erinnert an den Mutterleib, in dem ein kleiner Mensch heranwächst, und wenn das Mädchen die fertigen Brote aus dem Ofen holt, fungiert es – im Vorgriff auf eine eigene Mutterschaft? – als Geburtshelferin. Dazu passen die Äpfel, überall bekannt als Chiffren der Fruchtbarkeit und der Liebe, in ihrer Kugelgestalt aber auch Symbole von Ewigkeit und Welteroberung.

»Kein böses Wort« hört das Mädchen bei der alten Dame mit den großen Zähnen, die in Psychoanalyse und Traumdeutung für Kraft, Vitalität, sexuelle Energie stehen. So liebevoll und fürsorglich wie mit Marie geht Frau Holle, die Lebensmutter, mit der ganzen Schöpfung um. Wenn sie ihre Betten ausschüttelt und die Federn – auch die Gans ist ein altes Bild für Liebe, Fruchtbarkeit, eheliche Treue! – durch die Luft fliegen, fallen sie als Schneeflocken auf die Erde und schützen Graswurzeln, Blumenzwiebeln und Saatkörner vor dem Frost, bis der nächste Frühling kommt.

Wenn der Schnee heutzutage immer öfter ausbleibt, die Jahreszeiten durcheinander geraten und massive Klimaveränderungen Katastrophen auslösen, so liegt das am menschlichen Unverstand, der die Natur bloß noch ausbeuten will, statt sie zu hüten und zu bewahren. Ganz anders Marie. Sie fügt sich offensichtlich mühelos in die gute Ordnung ein, hat ein gesundes Verhältnis zum Leben, ist mit sich selbst und mit der Umwelt im Gleichgewicht. Und reift unter Frau Holles Führung – oder ist es die Stimme der eigenen Seele, auf die sie zu horchen versteht? – zu einer selbstständigen Frau heran, die eines Tages keine Lehrerin mehr nötig hat.

Die doppelte Ablösung – von der Stiefmutter und von der Lebensmeisterin, wenn das nicht die beiden Seiten ein und derselben Mutterfigur sein sollten – gelingt. Marie erhält ihre Spindel zurück, was gewiss keine Auslieferung an das alte Aschenputtel-Dasein bedeutet, sondern die Einladung, ihren Lebensfaden jetzt souverän selbst zu spinnen.

Der Goldregen unter dem Tor kann als Zeugnis für ihre »Lehrzeit« interpretiert werden: »Aus dem Tun dessen, was einfach getan werden muss, entsteht Gold, Erfahrung und innerer Besitz von Dauer und Wert«[13]. Was der Hahn zu Hause mit seinem jubelnden Begrüßungsruf gut zu begreifen scheint – und sogar Mutter und Schwester, die das Gold an dem verloren geglaubten Mädchen wahrnehmen. Denn dass man mit diesem Gold, das wohl so wenig »abgeht« wie später das eklige Pech von der anderen Tochter, keine Geschäfte machen kann, verstehen sie instinktiv. Goldmarie hat in Frau Holles Zauberreich etwas bekommen, was viel mehr wert ist: Lebenserfahrung, Persönlichkeit, Charisma.

Frech und emanzipiert: die Pechmarie

Maries Schwester, die von der Mutter verhätschelt wird, aber so gar nichts an sich hat, was einen faszinieren könnte, tut uns jetzt schon leid. Widerwillig kopiert sie die abenteuerliche Reise, vom Sprung in den Brunnen bis zur Dienstmädchenstelle bei Frau Holle – aber ihr fehlen alle Voraussetzungen, dabei etwas zu lernen. Dem »Ruf der Dinge« verweigert sie sich komplett, sie ist nicht neugierig auf das Leben und seine Überraschungen – etwa die Entdeckung, woher die Schneeflocken kommen –, sie will das verwöhnte Kind bleiben, von dem niemand etwas verlangt, dem aber auch niemand etwas zutraut. Sie will nicht »gebraucht« werden, und deshalb vermag sie auch ihre eigenen inneren Schätze nicht zu heben.

Frau Holle ist froh, als sie den unnützen Gast wieder los wird, aber auch die Mutter wird über die Rückkehr der missratenen Tochter nicht gerade begeistert gewesen sein: Mit so einem hässlichen, stinkenden Geschöpf kann man sich nirgends sehen lassen. Wenn wir das Märchen einmal wörtlich nehmen. In der übertragenen Bedeutung symbolisiert das Pech natürlich das fatale Kleben an der Mutter, den bequemen Verzicht auf ein eigenes Leben mit seinen Ansprüchen und Herausforderungen.

Recht geschieht es dem faulen, frechen, verzogenen Früchtchen – oder doch nicht? Was kann Pechmarie dafür, dass sie so geworden ist? Woher soll sie Kraft und Motivation nehmen, sich zu ändern? Und vor allem: Finden sich nicht viele ganz normale und sympathische Mädels (und auch Jungs) eher in der trotzigen, gegen Rollenzwänge und häuslichen Drill aufbegehrenden Rotznase wieder statt in der schrecklich braven, flink gehorchenden und verdächtig arbeitswütigen Goldmarie?

Schwarzweißmalerei ist bequem, und wenn angenehme, freundliche Zeitgenossen belohnt werden und untätig herumlungernde Lümmel eins auf die Nase bekommen, ist das erst mal sehr befriedigend – aber nicht fair und meist auch nicht gerecht. Der Frankfurter Politologe und Marxismus-Forscher Iring Fetcher bricht in seinem ebenso hinterlistigen wie intelligenten *Pech-Marie-Report* eine Lanze für das unangepasste

Geschöpf: Um brave Hausmütterchen heranzuzüchten, predige das Märchen unbedingten Gehorsam, das widerspruchslose Ausführen sinnloser Tätigkeiten und nicht zuletzt den »Verzicht auf vertragliche Regelung von Arbeitszeit und Arbeitslohn«.[14]

> »Von früh bis spät musste ich die sinnlosesten Arbeiten verrichten. (…) Das schlimmste aber waren die Federbetten. Die lagen Frau Holle besonders am Herzen. Jeden Vormittag musste ich sie gründlich ausschütteln – bis die Federn flogen –, zugleich aber war ich dafür verantwortlich, dass keine Feder verloren ging. Das heißt, ich musste hinunter ins Tal gehen (…), die Federn mühevoll wieder einsammeln, sie waschen, trocknen und endlich wieder in die Kissen stopfen. Damit verbrachte ich den halben Tag und oft auch Teile der Nacht. Wahrscheinlich hatte Frau Holle eine heimliche Freude an dieser ganz und gar sinnlosen, monotonen Tätigkeit.«[15]
>
> Iring Fetcher

Eugen Drewermann kann sich das Märchen in der genialen Einseitigkeit, die seine Interpretationen so faszinierend macht, nur als Parabel für die augenscheinliche Ungerechtigkeit des Lebens erklären, die auf einer höheren Ebene dann doch wieder versöhnt wird, weil die Weltordnung von einer verborgenen Weisheit getragen wird. Zunächst leiden wir alle daran, dass es den Guten häufig so verdammt schlecht geht und die Gemeinheit triumphiert. So ist es auch im Haus der »Frau Welt«, wo die beiden Schwestern symbiotisch miteinander leben und die Gute drangsaliert, ausgenutzt und gedemütigt wird.

Doch Mutter Erde, die Große Göttin oder wer immer sich hinter der archaischen Gestalt der Frau Holle verbirgt, schickt das »Sonnenmädchen«, Goldmarie, an jedem Morgen und in jedem Frühling wieder in die Welt, segnend und tröstend, während das »Mondmädchen«, Pechmarie, am Ende durch seine eigene Hässlichkeit bestraft wird. Das Böse kann nicht gewinnen, es wird nur immer unansehnlicher, während das Gute, »wenn es nicht mehr aus Angst, Abhängigkeit, Zwang und Unfreiheit geschieht, sondern einzig und allein, um den Dingen der Welt gut zu sein und ihnen bestmöglich zu dienen«[16], seine Belohnung in sich selbst trägt. In der tiefsten Verzweiflung, mitten im Sturz in den Abgrund, erfährt das »Sonnenmädchen« eine Neugeburt und entdeckt: »Trotz all der zerbrochenen Hoffnungen, Plackereien und Enttäuschungen ist diese Welt doch wunderschön; ja man sieht diese innere Schönheit der Dinge überhaupt erst jenseits eines gewissen Übermaßes an Enttäuschungen, am Ende und am Tiefpunkt der unendlichen Resignation.«[17]

»Frau Holda kam aus dem Berg hervor,
zu ziehn durch Fluren und Auen;
gar süßen Klang vernahm da mein Ohr,
mein Auge begehrte zu schauen.
Da träumt' ich manchen holden Traum,
und als mein Aug' erschlossen kaum,
da strahlte warm die Sonnen,
der Mai, der Mai war kommen.«[18]

Richard Wagner: Tannhäuser, Lied des jungen Hirten

(Wie Wagner im Textbuch mitteilt, verbirgt sich hinter der wollüstigen Frau Venus, der Tannhäuser in ihr unterirdisches Reich gefolgt ist, die vom Christentum vertriebene germanische Fruchtbarkeitsgöttin Holda, die »Freundliche«.)

Grimms Märchen als Niederschlag eines uralten Naturmythos? Drewermanns Deutung funktioniert nur, wenn die beiden Schwestern als schmerzhaft kontrastierende Idealtypen zwei grundverschiedene Prinzipien verkörpern, das strahlend Gute die eine, das Abgrundböse die andere. Aber wenn das gar nicht stimmt? Wenn Goldmarie und Pechmarie die höchst unterschiedlichen Facetten und Möglichkeiten ein und derselben Person versinnbildlichen? Pechmarie als anderes Ich ihrer freundlichen Schwester, als Goldmaries eigene dunkle Persönlichkeitshälfte?

Frau Holles Totenheer und der heilige Holunder

Nicht minder interessant, wenn auch in der Position einer hoffnungslosen Minderheit argumentiert die feministische Matriarchatsforschung, die in Frau Holle die Spuren einer mächtigen Muttergöttin aus der Jungsteinzeit wittert. Hulda, Holda, Perchta, die Große Göttin mit vielen Zügen der ägyptischen Isis und der römischen Diana, Jungfrau und weise Alte zugleich, Schützerin von Liebe und Fruchtbarkeit, als Anführerin der Wilden Jagd in der Zeit zwischen Weihnachten und Dreikönig Bringerin des wiederkehrenden Lichts und Botin des Todes.

> »Von dieser Diana, die unter andern auch als eine Jagd-Göttin verehrt worden war, mag das sogenannte wütende Heer, welches sie commandiren soll, und die Frau Holla ihren Ursprung haben, von welchem die Bauern in Thüringen viele abentheuerliche Dinge zu erzählen wissen. Gegen das Fest der Geburt Christi soll sie sich am meisten hören lassen (…)«[19]
>
> Johann Heinrich von Falckenstein

Das Spinnen und Weben hat sie die Menschen gelehrt, sie beschützt die werdenden Mütter, bringt faulen Spinnerinnen (aha!) das Garn heillos durcheinander, zieht Spätaufstehern die

Bettdecke weg und hilft fleißigen Mädchen, indem sie sich nachts unbemerkt ans Spinnrad setzt. Ihre dunkle Seite offenbart sie in den Raunächten als Anführerin des Totenheeres, aber auch wenn sie Kinder ins Wasser lockt oder Neuankömmlinge in der Hölle begrüßt.

»Barbiepuppe mit Atombusen«

Göttinnen sind überall und nirgends zu Hause. Frau Holle allerdings wohnt auf dem Hohen Meißner zwischen Kassel und Eschwege oder in den Hörselbergen bei Eisenach in Thüringen, wenn man kulturhistorisch versierten Heimatforschern wie Karl Kollmann aus Eschwege glauben will. Kollmann hat eine Fülle alter Überlieferungen zusammengetragen, um zu belegen, dass hier am hessischen Meißner schon im 17. Jahrhundert ein trüber See »Frau Hollen Teich« genannt wurde, umgeben von Lavagestein und seit alten Zeiten ein wahrer Wallfahrtsort für unfruchtbare Frauen.

»Bald zeigt sie sich als eine schöne weiße Frau in oder auf der Mitte des Teiches«, schreiben die Brüder Grimm über die Kultstätte in ihren *Deutschen Sagen*, »bald ist sie unsichtbar, und man hört bloß aus der Tiefe ein Glockengeläut und finsteres Rauschen.«[20]

Am Westhang des Meißners heißt ein Wiesental »Badestube« und ein benachbartes Waldstück »Helleliede« (Weg zur Unterwelt). Natürlich gibt es zahlreiche Sagen vom Wilden Heer, das in den zwölf Raunächten hier in Frau Holles unterirdisches Reich gezogen sei. In der Nähe liegt das nach zwei auffälligen Felsen, aus denen irgend jemand einen längst verwitterten Löwenkopf herausgemeißelt hat, benannte Dorf Hollstein. Die Steine soll die riesenhaft große Frau Holle einst fallen gelassen haben, als sie diese im Schuh drückten.

Um den Tourismus in der Region zu befördern, schnitzten die

aus Russland stammenden Holzbildhauer Viktor und Ilja Donhauser 2004 eine mehr als drei Meter hohe Skulptur aus einem Ulmenstamm und stellten sie am »Frau-Holle-Teich« auf: eine aus dem Wasser steigende Göttin, anständig mit einem hochgeschlossenen Gewand bekleidet, aber leider mit einer etwas üppigen Oberweite. Sogleich protestierten Naturschützer (man wolle kein »Disneyland« mitten im Wald) und empörte Anwohnerinnen: Die in der Kreativwerkstatt der Volkshochschule Witzenhausen geschaffene Skulptur sehe aus wie eine »Barbiepuppe mit Atombusen«.

Ihr Lieblingsbaum ist der heilkräftige Holunderbusch, der »Holler«, wie man früher schrieb. In den Alpenländern zog man einst den Hut, wenn man an einem solchen Hollerbusch vorbeikam. Denn die einfachen Leute hatten nie Angst vor der doppelgesichtigen Herrin über Leben und Tod. Sie haben ihr als einer mütterlichen Schutzfrau die Treue gehalten, erläutern Forscherinnen wie Heide Göttner-Abendroth, auch als sie längst von der neuen Religion der Christen gestürzt und durch die Gottesmutter Maria (mancherorts auch von der heiligen Walburga) abgelöst war.

Vergeblich bot man eine attraktive Neuinterpretation von Huldas geisterhaftem Umzug mit 11.000 Elben in der Nacht des 1. November an: Aus Hulda wurde die heilige Ursula und aus den Gespenstern 11.000 Jungfrauen, die auf der Fahrt von Rom nach Köln sämtlich von Hunnen niedergemetzelt worden waren. Vergeblich stellte man den alten Brauch, an Quellen und unter Holunderbäumen um Huldas Schutz zu beten und ihr zu opfern, unter Strafe. Vergeblich verbot man die Frühlingsprozessionen über die grünenden Felder und die fröhlichen Schifffahrten auf den vom Eis befreiten Flüssen mit Pflügen und Schiffen, Hulda zur Ehre.

Die Menschen ließen sich ihre zärtliche Liebe zur Göttin nicht austreiben. Und eine Erinnerung, die unsterblich ist – wie die Märchen.

In alten Zeiten, als das Wünschen noch geholfen hat, lebte einmal ein König, der hatte wunderschöne Töchter. Die jüngste von ihnen war so schön, daß die Sonne selber, die doch so vieles schon gesehen hat, sich verwunderte, sooft sie ihr ins Gesicht schien. Nahe bei dem Schlosse war ein großer, dunkler Wald, und mitten darin, unter einer alten Linde, war ein Brunnen. Wenn nun der Tag recht heiß war, ging die jüngste Prinzessin hinaus in den Wald und setzte sich an den Rand des kühlen Brunnens. Und wenn sie Langeweile hatte, nahm sie eine goldene Kugel, warf sie in die Höhe und fing sie wieder auf. Das war ihr liebstes Spiel.

Nun trug es sich einmal zu, daß die goldene Kugel der Königstochter nicht in die Händchen fiel, sondern auf die Erde schlug und gerade in den Brunnen hineinrollte. Die Königstochter folgte ihr mit den Augen nach, aber die Kugel verschwand, und der Brunnen war tief, so tief, daß man keinen Grund sah.

Da fing die Prinzessin an zu weinen und weinte immer lauter und konnte sich gar nicht trösten. Als sie so klagte, rief ihr plötzlich jemand zu: »Was hast du nur, Königstochter? Du schreist ja, daß sich ein Stein erbarmen möchte.«

Sie sah sich um, woher die Stimme käme, da erblickte sie einen Frosch, der seinen dicken, häßlichen Kopf aus dem Wasser streckte. »Ach, du bist's, alter Wasserpatscher«, sagte sie. »Ich weine über meine goldene Kugel, die mir in den Brunnen hinabgefallen ist.«

»Sei still und weine nicht«, antwortete der Frosch, »ich kann wohl Rat schaffen. Aber was gibst du mir, wenn ich dein Spielzeug wieder heraufhole?«

»Was du haben willst, lieber Frosch«, sagte sie, »meine Kleider, meine Perlen und Edelsteine, auch noch die goldene Krone, die ich trage.«

Der Frosch antwortete: »Deine Kleider, deine Perlen und Edelsteine und deine goldene Krone, die mag ich nicht. Aber wenn du mich liebhaben willst und ich dein Geselle und Spielkamerad sein darf, wenn ich an deinem Tischlein neben dir sitzen, von deinem goldenen Tellerlein essen, aus deinem Becherlein trinken, in deinem Bettlein schlafen darf, dann will ich hinuntersteigen und dir die goldene Kugel heraufholen.«

»Ach, ja«, sagte sie, »ich verspreche dir alles, was du willst, wenn du mir nur die Kugel wiederbringst.« Sie dachte aber, der einfältige Frosch mag schwätzen, was er will, der sitzt doch im Wasser bei seinesgleichen und quakt und kann keines Menschen Geselle sein!

Als der Frosch das Versprechen der Königstochter erhalten hatte, tauchte er seinen Kopf unter, sank hinab, und über ein Weilchen kam er wieder heraufgerudert, hatte die Kugel im Maul und warf sie ins Gras. Die Königstochter war voll Freude, als sie ihr schönes Spielzeug wiedererblickte, hob es auf und sprang damit fort.

»Warte, warte!« rief der Frosch. »Nimm mich mit, ich kann nicht so laufen wie du!« Aber was half es ihm, daß er ihr sein Quak-quak so laut nachschrie, wie er nur konnte! Sie hörte nicht darauf, eilte nach Hause und hatte den Frosch bald vergessen.

Am andern Tag, als sie sich mit dem König und allen Hofleuten zur Tafel gesetzt hatte und eben von ihrem goldenen Tellerlein aß, da kam, plitsch platsch, plitsch platsch, etwas die Marmortreppe heraufgekrochen. Als es oben angelangt war, klopfte es an die Tür und rief: »Königstochter, jüngste, mach mir auf!«

Sie lief und wollte sehen, wer draußen wäre. Als sie aber aufmachte, saß der Frosch vor der Tür. Da warf sie die Tür hastig zu, setzte sich wieder an den Tisch, und es war ihr ganz ängstlich zumute.

Der König sah wohl, daß ihr das Herz gewaltig klopfte, und sprach: »Mein Kind, was fürchtest du dich? Steht etwa ein Riese vor der Tür und will dich holen?«

»Ach, nein«, antwortete sie, »es ist kein Riese, sondern ein garstiger Frosch.«

»Was will der Frosch von dir?«

»Ach, lieber Vater, als ich gestern im Wald bei dem Brunnen saß und spielte, fiel meine goldene Kugel ins Wasser. Als ich deshalb weinte, hat sie mir der Frosch heraufgeholt. Und weil er es durchaus verlangte, versprach ich ihm, er sollte mein Spielgefährte werden. Ich dachte aber nimmermehr, daß er aus seinem Wasser käme. Nun ist er draußen und will zu mir herein.«

Da klopfte es zum zweiten Mal, und eine Stimme rief:

»Königstochter, jüngste, mach mir auf!

Weißt du nicht, was gestern du zu mir gesagt bei dem kühlen Brunnenwasser?

Königstochter, jüngste, mach mir auf!«

Da sagte der König: »Was du versprochen hast, das mußt du auch halten! Geh nur und mach ihm auf!«

Sie ging und öffnete die Tür. Da hüpfte der Frosch herein und hüpfte ihr immer nach bis zu ihrem Stuhl. Dort blieb er sitzen und rief: »Heb mich hinauf zu dir!« Sie zauderte, bis es endlich der König befahl. Als der Frosch auf dem Stuhl war, wollte er auf den Tisch, und als er da saß, sprach er: »Nun schieb mir dein goldenes Tellerlein näher, damit wir mitsammen essen können.« Der Frosch ließ sich's gut schmecken, ihr aber blieb fast jeder Bissen im Halse stecken.

Endlich sprach der Frosch: »Ich habe mich satt gegessen und bin müde. Nun trag mich in dein Kämmerlein und mach dein seidenes Bettlein zurecht!« Die Königstochter fing an zu weinen und fürchtete sich vor dem kalten Frosch, den sie sich nicht anzurühren getraute und der nun in ihrem schönen, reinen Bettlein schlafen sollte.

Der König aber wurde zornig und sprach: »Wer dir geholfen hat, als du in Not warst, den sollst du hernach nicht verachten!«

Da packte sie den Frosch mit zwei Fingern, trug ihn hinauf in ihr Kämmerlein und setzte ihn dort in eine Ecke. Als sie aber im Bette lag, kam er gekrochen und sprach: »Ich will schlafen so gut wie du. Heb mich hinauf, oder ich sag's deinem Vater!«

Da wurde sie bitterböse, holte ihn herauf und warf ihn gegen die Wand. »Nun wirst du Ruhe geben«, sagte sie, »du garstiger Frosch!« Als er aber herabfiel, war er kein Frosch mehr, sondern ein Königssohn mit schönen, freundlichen Augen. Der war nun nach ihres Vaters Willen ihr lieber Geselle und Gemahl. Er erzählte ihr, er wäre von einer bösen Hexe verwünscht worden, und niemand hätte ihn aus dem Brunnen erlösen können als sie allein, und morgen wollten sie mitsammen in sein Reich gehen.

Und wirklich, am anderen Morgen kam ein Wagen herangefahren, mit acht weißen Pferden bespannt, die hatten weiße Straußfedern auf dem Kopf und gingen in goldenen Ketten. Hinten auf dem Wagen aber stand der Diener des jungen Königs, das war der treue Heinrich.

Der treue Heinrich hatte sich so gekränkt, als sein Herr in einen Frosch verwandelt worden war, daß er drei eiserne Bänder um sein Herz hatte legen lassen, damit es ihm nicht vor Weh und Traurigkeit zerspränge.

Der Wagen sollte nun den jungen König in sein Reich holen. Der treue Heinrich hob ihn und seine junge Gemahlin hinein, stellte sich wieder hinten hinauf und war voll Freude über die Erlösung seines Herrn. Als sie ein Stück des Weges gefahren waren, hörte der Königssohn, daß es hinter ihm krachte, als ob etwas zerbrochen wäre. Da drehte er sich um und rief:

»Heinrich, der Wagen bricht!«
»Nein, Herr, der Wagen nicht,
es ist ein Band von meinem Herzen,
das da lag in großen Schmerzen,
als Ihr in dem Brunnen saßt
und in einen Frosch verzaubert wart.«

Noch einmal und noch einmal krachte es auf dem Weg, und der Königssohn meinte immer, der Wagen bräche. Doch es waren nur die Bänder, die vom Herzen des treuen Heinrich absprangen, weil sein Herr nun erlöst und glücklich war.

Wer mag schon einen Frosch küssen?

Der Froschkönig oder: Warum Partner Klartext reden sollten

Ein Frosch als König, als Liebhaber und Gemahl einer Prinzessin – das hört sich an wie ein prolliger Baseballspieler als Tischgast im Buckingham Palace. Es sind gerade die Publikumslieblinge unter den *Kinder- und Hausmärchen* der Brüder Grimm, die den unbefangenen Leser erst einmal gründlich irritieren. Dass die Prinzessin das glitschige, tropfende, quakende Etwas nicht in ihr duftendes Satinbett lassen will, wird jede Frau verstehen. Dass es dann doch anders kommt und der Frosch sich als bildhübscher Lover »mit schönen, freundlichen Augen« entpuppt, macht den Reiz des Märchens aus.

Bereits die Wortwahl lässt uns am einseitig negativen Image des Fröschleins zweifeln. Denn als der treue »eiserne Heinrich« den Prinzen zu seiner Verwandlung beglückwünscht, spricht er in der frühen Fassung nicht vom Frosch, sondern von einer »Fretsche«, was im Niederdeutschen »die Gefräßige« heißt und an die hessische (die Brüder Grimm lebten in Hessen) Form von Frettchen erinnert. Ein Frettchen aber ist ein kluges, flinkes Raubtier und somit das Gegenteil von einem schwerfällig der Königstochter hinterher hopsenden Frosch.

Wenn man die alten Kulturen befragt, nimmt die Verwirrung noch zu. In Ägypten verehrte man die Frösche, die jedes Frühjahr wundersam wieder aus dem Nilschlamm auftauchten, als Verkörperungen der Auferstehung und Geburtshelfer. In Japan galten sie als Glücksboten. In Indien erzählte man sich von einem riesengroßen Frosch, der die ganze Welt im Gleichgewicht halte. Eigentlich keine Überraschung, denn kein anderes Tier erinnert so anschaulich an die Geschichte des Lebens, das im Wasser begann und sozusagen ganz allmählich an Land stieg.

Erst die christlichen Kirchenväter brachten die armen Frösche mit dem Teufel in Verbindung und verglichen sie wegen ihres unaufhörlichen Quakens mit den Irrlehrern. Im Mittelalter ordnete man sie Hexen und Zauberern zu. Und heute ist der Frosch zum Schimpfwort verkommen – ebenso wie das Schwein (klug und sauber), der Hund (intelligent und treu) und die Ziege (höchst nützlich). Es ist, als müssten die Menschen mit Schmähreden ihr schlechtes Gewissen gegenüber der ausgebeuteten und massakrierten Tierwelt betäuben.

»Eins der ältesten und schönsten Märchen« nannten die Brüder Grimm selbst die Geschichte vom Froschkönig und stellten sie plakativ an den Anfang ihrer Sammlung. Von der Liebe eines Mädchens zu einem unter Zauberbann stehenden Frosch erzählte schon der Volksprediger Berthold von Regensburg im 13. Jahrhundert. Auf ein schottisches Volksmärchen vom Froschkönig *The Tayl of the volfe of the warldis end* (»Der Brunnen am Ende der Welt«) aus dem Jahr 1540 bezieht sich Jacob Grimm ausdrücklich.

Varianten: in großer Zahl vor allem in England und Schottland, aber auch im deutschen Sprachraum. Die Brüder Grimm benutzten unter anderem Überlieferungen aus der Paderborner Gegend. Hier werden Froschkönig und Königstochter vor ihrer Hochzeit getrennt. Der Froschkönig vergisst seine schwangere Braut oder wird gezwungen, eine andere zu heiraten. Die Prinzessin macht sich auf eine gefahrvolle Suche nach ihrem untreuen Liebsten; in einer der Paderborner Fassungen verkleidet sie sich gemeinsam mit ihren Schwestern, um als Leibjäger in seinen Dienst zu treten.

Lovestory mit Stolpersteinen

Die ganze Geschichte klingt völlig verrückt: Einer Prinzessin (Gibt es heute nicht mehr, außer in Bhutan und Großbritannien.) fällt beim Spielen ihre goldene Kugel (Wer spielt mit so was? Ein vernünftiger König schließt seinen Goldkram im Banktresor ein.) in den Brunnen. Ein Frosch guckt aus dem Wasser und bietet ihr seine Hilfe an (Seit wann können Frösche reden?), das Prinzesschen lässt sich sofort auf Verhandlungen mit dem Glitschtier ein (als ob Lurche geschäftsfähig wären), doch kaum hat sie ihr Spielzeug wieder, läuft sie hurtig ins Schloss und kümmert sich nicht mehr um ihr Geschwätz von gestern (Was nun ausnahmsweise genau auf verzogene Gören zutrifft, vorzugsweise auf solche aus den oberen Schichten.). Doch der Frosch ist hartnäckig, er hüpft platschend die Marmortreppe hoch (unwahrscheinlich), will zum Dinner eingeladen werden, was er auf Fürsprache des redlichen Königs auch schafft (noch unwahrscheinlicher), und peilt jetzt auch noch einen Schlafplatz im »seiden Bettlein« der Prinzessin an (Was man schon eher verstehen kann.). Völlig normal oder zumindest verzeihlich erscheint uns auch, dass die entnervte Schöne ihren glibberigen Verehrer in einem Wutanfall an die Wand wirft. Dass er sich bei diesem Mordanschlag in einen Königssohn verwandelt, das allerdings ist die größte aller Verrücktheiten und kommt wohl nur im Märchen vor.

Wirklich?

Denn auch das wissen wir inzwischen, dass die oft aberwitzig unlogischen Handlungsabläufe der Märchen mit ihren sonderbaren Bildern und Sprachmustern die tiefsinnigsten Lebensweisheiten enthalten. Es kann also durchaus sein, dass auch im Froschkönig eine Botschaft steckt, die über das banale »Was man verspricht, muss man halten« hinausgeht.

Als Geschichte einer sexuellen Initiation hat man das Märchen gelesen, als hilfreiche Parabel: So manches, was zunächst erschreckend, ekelhaft, animalisch erscheinen mag, birgt nicht nur höchstes körperliches Glück, sondern auch die Chance einer umfassenden menschlichen Begegnung. Als die Königstochter den ständig neue Ansprüche stellenden Frosch an die Wand knallt, macht sie sich ihre Gefühle, Ängste und Verdrängungsmechanismen zum ersten Mal voll bewusst, und mit diesem explosionsartigen Freisetzen von Emotionen ist der Zauber gebrochen, der Frosch *und* Prinzessin bisher an einem selbst bestimmten Leben gehindert hat.

> »Man kann sich nur schwer eine bessere Art ausdenken, dem Kind beizubringen, dass es vor den (für es) abstoßenden Aspekten der Sexualität keine Angst zu haben braucht, als es in dieser Geschichte geschieht.«[21]
>
> Bruno Bettelheim

Man hat eine Erlösungsgeschichte herausgelesen, eine bittersüße Lovestory, wie durch die Begegnung mit einer Prinzessin aus einem hässlichen Schlammbewohner ein fescher Prinz wird. Diese Deutung enthält allerdings einige logische Stolpersteine: Erlöst wird hier eben nicht durch Liebe, nicht einmal durch Mitleid, sondern scheinbar durch brutale Aggression. Wenn man es positiv formulieren will: durch den plötzlichen Entschluss zur erbarmungslosen Wahrhaftigkeit. Das aufdringlich moralische Motiv des einzuhaltenden Versprechens – gebieterisch ins Spiel gebracht vom Vater, der vielleicht das Gewissen der Prinzessin verkörpert – erscheint eher als Störfaktor. Denn der Frosch kommt ja gerade dadurch aus seiner Sumpfexistenz frei, dass die

Königstochter ihr Versprechen bricht, dem Vater ungehorsam ist und dem Frosch seinen Platz im Bett verweigert.

Bei Dornröschen war es noch einfach: Die Königssöhne rissen sich darum, das schöne Kind küssen zu dürfen. Doch wer mag schon einen feuchten Frosch abknutschen, auch wenn es im Erlösungsdrehbuch vorgeschrieben ist? Märchen sind nicht nur unlogisch, sondern auch unfair.

Nach Erlösungsgeschichte klingt viel eher die Urfassung der Brüder Grimm: Dort muss die Prinzessin ihren grün fluoreszierenden Froschlover nicht nur küssen, sondern drei volle Wochen jede Nacht an seiner Seite verbringen, erst dann wird er zum Königssohn. Doch diese Version blieb unveröffentlicht.

Einleuchtender ist es, den *Froschkönig* als Paargeschichte zu deuten, als Beziehungsdrama zwischen zwei unfertigen, verkorksten, von Lebenslügen und unrealistischen Erwartungen verbildeten jungen Akteuren, die durch Missverständnisse, Konflikte und Aggressionen hindurch tatsächlich zur Partnerschaft, ja vielleicht sogar zur Liebe finden.

Paris Hiltons Lebenslügen

Das Märchen beginnt mit leisem, weisem Spott: »In alten Zeiten, als das Wünschen noch geholfen hat …«! Was nichts anderes heißt, als dass Wünschen und Träumen zwar Kräfte freisetzen kann, für sich allein aber nicht genügt. Die Märchenwelt ist kein Schlaraffenland, sondern steckt voller Herausforderungen und Aufgaben, stellt der Märchenforscher Max Lüthi klar: »Handlung ist die Seele des Märchens, nicht Stimmungszauber.«[22]

Das müssen hier beide lernen, der Froschprinz und die Königstochter, und sie gehen durch eine harte Schule. Das Prinzesschen führt sich in der Anfangsszene am Brunnen als unreife, narzisstische Kindfrau ein, Paris Hilton auf vornehmerem Niveau. Offensichtlich hat sie nichts zu tun und im Kopf als das Herumgetändel mit einem Ball – einem goldenen allerdings. Dieses ihr »liebstes Spiel« steht für ihre ganze behütete und verträumte Kinderwelt, die rund und ganz und vollkommen erscheint – wie jede Kugel – und zugleich kostbar und ewig, wie alles, was aus Gold ist.

Doch das eben ist der Trugschluss und die erste kleine Lebenslüge der Prinzessin: Auch die schönste Kindheit endet einmal, und auch eine in goldenem Glanz und ohne Sorgen aufgewachsene Königstochter muss sich verändern, um erwachsen zu werden. Und wenn sie nicht selbst begreift, was an ihrer Paris-Hilton-Existenz bloß glitzernde Fassade mit nichts dahinter ist, dann kommt das Schicksal zu Hilfe und lässt die Fassade brutal zusammenkrachen: Die goldene Kugel – und mit ihr die ganze heile Welt der Kindheit im Königsschloss – fällt in den Brunnen.

Wenige Märchenbilder sind so allgegenwärtig und sprechen so für sich wie der Brunnen: Unheimlicher Abgrund, der in die Tiefe der Erde zu führen scheint; wenn man einen Stein hineinwirft und wartet, dass er im Wasser aufschlägt, dauert es quälend lange. Aber er ist auch Spender und Hüter des frischen Wassers, welches Leben und Gesundheit (im Märchen auch Jugend und Unsterblichkeit) schenkt. Der Brunnen, Symbol für die unbewussten Kräfte der Seele und für den Eintritt in eine neue Lebensphase.

Hat das die Königstochter dunkel geahnt? Hat sie ihr Spielzeug etwa absichtlich in den geheimnisvollen Schlund fallen lassen, indem sie ihr »Händchen« – wie der Text nahe legt – fast träge in die Höhe hielt, statt zielsicher nach dem Ball zu greifen? Denn sie ist ja längst auf der Suche nach dem Frosch-Partner – wenn wir das Märchen weiter als Paargeschichte lesen wollen, wie es die tiefenpsychologischen Interpreten eigentlich alle tun. Jede Kindfrau sehnt sich nach dem Frosch-Partner, es scheint ein Naturgesetz zu sein.

Eine coolere, praktisch veranlagte Königstochter hätte nach einem Fischnetz oder einem Obstpflücker Ausschau gehalten, um das Spielzeug aus dem Brunnen zu holen. Vielleicht hätte sie auch den königlichen Hausmeister oder Gärtner beauftragt, den Brunnen leer zu pumpen und hinunter zu steigen. Auf solche Ideen kommt die Kindfrau nicht. Kindfrauen haben keine Ideen, aber die Gabe, eindrucksvoll zu weinen und damit in Blitzesschnelle Retter anzulocken. Kindfrauen fühlen sich außerdem hinter goldenen Fassaden gottserbärmlich allein und verlassen. Ein Prinz, Held oder Superman muss kommen und die Leere füllen. Das ist die zweite Lebenslüge: dass jemand anderes ihr Dasein vergolden und ihre Probleme lösen wird, dass nicht sie selbst es tun muss.

Doch der Retter ist schon auf dem Weg; er arbeitet sich aus dem Schlamm und Schlick am Grund des Brunnens empor, riecht entsprechend, tropft und bläst seine blubbernden Backen auf und hat keine besonders schöne Stimme. Aber er kennt sich aus im Brunnen, er wird die Kugel wieder beschaffen, die Kinderwelt wieder heil machen, man kann sich seiner bedienen und getrost alles versprechen, aus dem Wasser wird er nie herauskommen und »keines Menschen Geselle sein«. Prinzessin Hiltons dritte Lebenslüge: Man kann freundliche Helfer ausnutzen und dann stehen lassen, ohne Verpflichtungen einzugehen und eine Beziehung zu knüpfen.

Beziehungsdeal statt Liebe

Der so schnell zur Hilfe herbei eilende Frosch – wie ein Pfeil ist der sonst so unbeholfene Kerl im Brunnen nach oben geschossen – legt freilich selbst einen unreifen Charakter an den

Tag. Er wird ihr beistehen, o ja – aber nur, wenn sie ihm seine Wünsche erfüllt, und die sind ebenfalls noch recht kindlich, auch wenn sie sich nach lüsterner Erotik und Ehegattengeturtel anhören. Die Tiefenpsychologen, die bei C.G. Jung in die Schule gegangen sind, vermuten, dass der Frosch keine Vaterfigur, kein männliches Vorbild erlebt hat und von einer Mutter als Mann-Ersatz missbraucht, vergöttert, mit Liebe, Klagen und Ansprüchen erdrückt worden ist. Die Mechanismen sind bekannt: Ein Sohn bedeutet seiner Mutter alles, sie opfert sich komplett auf für ihr Kind, hindert es damit aber auch an der notwendigen Ablösung. Der Sohn wird sich ständig schuldig fühlen, wenn er etwas riskiert und sie damit ängstigt, wenn er seine eigenen Erfahrungen macht und damit ihr Wertesystem verlässt, wenn er seiner Wege geht und die Mutter damit ihrer selbst gewählten Einsamkeit ausliefert.

Er war »von einer bösen Hexe verwünscht worden«, so drücken die Märchen dieses Beziehungsmodell aus. Jemanden verhexen, das heißt ihn in ein Lebensmodell festbannen, aus dem er nicht heraus kommt. »Ich will nur dein Bestes!«, sagen Hexenmütter (und Zaubererväter) liebevoll-autoritär und der Bann ist vollzogen.

Der Frosch: ganz groß als Helfer, Tröster, Hausgenosse – aber erbärmlich verklemmt und unsicher, wenn er ein Mann sein soll. Er ist immer nur ein guter Sohn gewesen; ein guter Liebhaber zu sein, hat er nie lernen dürfen. Nach diesem Muster macht er sich an die Prinzessin heran. Auch hier wird er wunderbar helfen und trösten – und dafür an ihrer strahlenden Jugend, ihrer erotischen Ausstrahlung teilhaben. Er sucht eigentlich gar keine Partnerin, das könnte Herausforderung, Provokation, Konflikt bedeuten. Er sucht die Geborgenheit und Symbiose, die er von der Froschmutter her gewohnt ist.

Auch die junge Prinzessin hat ihre Lebenslüge: Schmetterlinge im Bauch, weiche Knie und den Wunsch, in starke männliche Arme zu sinken, die ganze stürmisch erwachende Leidenschaft eines Mädchens lässt sich durch ein perfekt organisiertes Hilfs- oder Unterhaltungsprogramm erkaufen.

So trifft der Frosch, Sohn einer übermächtigen Mutter, auf die Prinzessin, eine typische Vater-Tochter. Von ihrer Mutter hören wir im ganzen Märchen nichts. Ohne es sich richtig bewusst zu machen, begreifen Froschprinz und Königstochter doch sofort, dass sie füreinander bestimmt sind. Besser gesagt, dass sie sich hervorragend ergänzen.

Trösten, helfend beispringen, alles für jemanden tun, das kann er, der Frosch – und genau so jemanden braucht die Königstochter. Ein Prinzesschen, das er bewundern, beschützen, auf Händen tragen kann, das hat wiederum der Frosch sich immer gewünscht. Eine Symbiose wie einst mit der Froschmutter – nur weniger anstrengend und von Jugend und Schönheit überzuckert.

Und sie, die Königstochter, möchte das Prinzesschen bleiben, behütet wie im Schloss, geborgen wie beim königlichen Übervater, möchte weiter jeden Wunsch von den Augen abgelesen bekommen und keine Ansprüche erfüllen müssen. Irgendwie muss wohl endlich eine Ablösung erfolgen, von der Froschmutter und vom Vaterkönig, das ahnen sie beide, aber es soll kein schmerzhafter Wandel sein, sondern das sanfte Hinübergleiten von der alten Symbiose in eine ganz ähnliche neue.

Genau darin liegt der große Irrtum. Beide denken nicht daran, erwachsen zu werden. Beide wollen keinen Partner, sondern eine jüngere Kopie der bisherigen übermächtigen Bezugsperson. Beide haben von Liebe noch nicht die mindeste Ahnung. Der Frosch rechnet sich aus, als »Geselle« akzeptiert, an das goldene Tellerlein und in das seidene Bettlein der Prinzessin gebeten zu werden, weil er ihr geholfen hat: aus Dankbarkeit, zur Belohnung, weil es so ausgemacht war. Mit Liebe, Gefühlen, auch nur mit Lust am Sex hat das nicht das geringste zu tun. Dass man Liebe geschenkt bekommt (möglicherweise völlig »unverdient«), dass Liebe wachsen muss, davon hat das Fröschlein noch nie etwas gehört in seinem Brunnen.

Und die Königstochter? Gewiss schmeichelt es ihr, dass der Frosch so hinter ihr her ist, sie hat ihn ja auch gut brauchen können, er hat ihr die goldene Kugel wieder gebracht und dafür gesorgt, dass sie Kind bleiben kann: hilfsbedürftig, unselbstständig, süß und ein bisschen zickig. Wenn schon eine Beziehung zum Frosch, dann soll es genau so weitergehen: Hier der zuverlässige Tröster, Berater und Helfer in allen Lebenslagen, dort das hübsche, verspielte Partygirl, von dessen Glanz ein kleiner Schimmer auf den dienstbereiten Lakaien abfällt. Liebe, Leidenschaft, Lust sehen anders aus.

Die Kindfrau, der Helfer. Das Opfer, der Retter. Die Hilflose, der Starke. Die Schöne, der Zuverlässige. Was soll daraus werden? Beide brauchen einen Erlöser, eine Erlöserin – keinen Partner. Noch nicht. Beide reduzieren den anderen auf eine bestimmte, gerade dringend benötigte Funktion. Liebe würde heißen, einen Menschen zu entdecken, der eben diese Funktionen vielleicht gar nicht erfüllt – und völlig überraschend gerade dadurch interessant und faszinierend erscheint, dass er ganz anders ist.

> »Der ›geheime Beziehungsvertrag‹ (…) ist im Märchen ganz klar und offenkundig. Er lautet: ›Ich, der hilfreiche Frosch, werde meine Stärke für dich, weinende Königstochter, einsetzen, dir die goldene Kugel wieder heraufholen und dir geben, was du vermisst. Du, schöne Königstochter, wirst mich, den hässlichen Frosch, dafür mitnehmen und mich in deiner strahlenden Welt mein Frosch-Sein vergessen lassen.‹
> (…) Erstens ist die Zeit, diese Grundbedürfnisse in einer sym-

> biotischen Lebensgemeinschaft erfüllt zu bekommen, vorbei – die Kindheit lässt sich nicht einfach wiederholen. Und zweitens suchen und finden sich wie in unserer Geschichte meist ausgerechnet diejenigen, die aufgrund ihrer Vorerfahrungen ganz ähnliche Mangelerlebnisse haben und deshalb besonders ungeeignet sind, sich gegenseitig zu ›bemuttern‹.
> (...) Was beide in diesem Beziehungsvertrag ausblenden, sind die Signale, die von Anfang an deutlich machen, was sie wirklich voneinander wollen, die vielen ›Abers‹, die vielen Bedingungen und verqueren Verknüpfungen – Einsichten, die zwar aufblitzen, aber nicht ernst genommen werden.«[23]
>
> Hans Jellouschek

Das ist der Beziehungskiller in dieser Geschichte: Beide wollen *etwas*, nicht *jemanden*. Die goldene Kugel, Hilfe, Trost, Geborgenheit begehrt die Prinzessin, Tellerlein und Bettlein, Schönheit, Glanz, Geborgenheit, das Flair der Jugend der Frosch. Was sie beide nicht wollen, ist eine Person, die immer sperrig ist und Erwartungen nie erfüllt, sondern übersteigt. Dabei kommt keine Liebe heraus, sondern – immerhin laut – ein »Beziehungsvertrag«, ein »Deal« und »Kuhhandel«[24], etwas Erpresserisches, an das man sich ohnehin nur soweit halten wird, als es den eigenen Interessen dient. Hintertürchen und Aussteigemöglichkeiten, Vorwürfe und Schuldzuweisungen, bittere Enttäuschung und nagende Aggression, all die unwürdigen Grabenkämpfe, Nadelstiche und Fouls, die das Ende einer solchen »Beziehung« kennzeichnen, sind an ihrem Anfang schon vorprogrammiert.

Will wirklich noch jemand behaupten, die von Fröschen, Königstöchtern, Wölfen, Hexen und Zwergen bevölkerte Welt der Märchen habe mit unserer Realität nichts zu tun?

Befreiungsschlag mit Folgen

Das schlimme Ende naht, als der Frosch die Treppe zum königlichen Speisesaal erklimmt, eine Spur aus Schleim und Schlick hinterlassend wie eine Nacktschnecke. Alle Beteiligten kann man irgendwie verstehen: den Frosch, der seinen zugesagten Lohn einfordert, die Prinzessin, die sich graust und fürchtet, den Vater, der in aller Strenge auf heilige Prinzipien pocht … und doch ist klar, dass es so nicht weitergehen kann. Die unmögliche Situation schreit nach einer radikalen Lösung.

Die aber niemand finden wird, so lange sich jeder vom anderen unter Druck gesetzt oder betrogen fühlt und in seiner unglückseligen Erwartungshaltung verharrt. Der Frosch arbeitet mit Vorwürfen, macht dem Königstöchterchen ein schlechtes Gewissen, mault und »quakt« herum. Die Prinzessin ist viel zu genervt und angeekelt, um das eigene Verhalten zu überprüfen; als der kalt-glibberige Gast dann auch noch ihr »schönes, reines Bettlein« entern will, fängt sie an zu heulen, wie immer, wenn sie vor einem Problem steht.

In diesem Moment geschieht das Unerwartete: Als der Frosch nun auch noch damit droht, sie bei ihrem Vater – dem seine Prinzipien über alles gehen und der bestimmt wieder Partei für das glitschige Monster ergreifen wird – zu verpetzen, wird sie zur Furie: Sie packt das quengelnde Tier (das sie sich kurz zuvor noch »nicht anzurühren getraute«) und schleudert es wütend gegen die Wand!

Zum ersten Mal in ihrem jungen Leben hat sie spontan – zwar unüberlegt, aber mit dem richtigen Instinkt – eine Entscheidung gegen die Erwartungen ihrer Umgebung getroffen. Egoistisch ist sie geblieben, die Paris Hilton aus dem Königsschloss, aber zum ersten Mal riskiert sie etwas, ist sie massiv ungehorsam, verweigert sie dem vom Vater protegierten, tierischen Prinzgemahl nicht nur das Bett, sondern versucht ihn umzubringen! Mit dem feuchten Frosch hat das Prinzesschen auch sein süßes, angepasstes, unschuldiges Kinder-Ich von sich geworfen, hat es – auf nicht sehr sympathische Weise – den ersten Schritt zum Erwachsensein getan.

Der Befreiungsschlag hat ungeahnte Folgen. Das grüne Monster landet platschend an der Wand – und fällt als bildschöner junger Mann herunter. Von einer Sekunde zur andern ist der erbärmliche Deal überflüssig geworden, kann Beziehung beginnen. Im selben Moment, in dem der Frosch entzaubert wird, sehen wir die Prinzessin verzaubert: Erblickt sie doch in dem hilfreichen, aber nervenden Diener von vorhin plötzlich eine Person, die sie zu lieben beschließt. Wahrscheinlich bildet sie sich ein, sich im Nu in den hübschen Jungen verliebt zu haben; auch gut, sie wird lernen, dass Liebe wachsen und reifen muss und Anstrengung verlangt – freilich eine überaus lustvolle.

Uns irritiert lediglich, dass diese erfreuliche Wandlung der Dinge nicht in einem vernünftigen Gespräch oder auf einer schönen Urlaubsreise geschehen ist, sondern in einem mörderischen Gewaltakt. Was nun wirklich kein Modell für Paarbeziehungen sein sollte – oder doch? Man muss den Partner ja nicht gleich an die Wand schleudern. Aber manchmal hilft es, Klartext zu reden, all die Lebenslügen und falschen Erwartungen und eingefahrenen Rollenspiele in einem tapferen Kraftakt hinter sich zu lassen und in aller Konsequenz, Härte und Aufrichtigkeit einen neuen Anfang zu setzen. Und dabei vielleicht erstaunt festzustellen, wie viel Kraft der Beziehung plötzlich zuwächst und wie viel verschüttete Zuneigung, Liebe, Zärtlichkeit in dem erkalteten, glanzlos gewordenen Miteinander verborgen ist.

Verwandelt haben sich beide. Der Frosch hat sein Froschverhalten aufgegeben, er hat begriffen, dass er Zuwendung und

Liebe nicht durch hilfreiches Wohlverhalten erzwingen kann. Was in Familien- und Paarbeziehungen so wichtig ist, das Loslassen, das Abschiednehmen ohne Bitterkeit, hat er plötzlich und erstaunlich schnell gelernt. Das tut weh, eröffnet aber die wundersame Chance, vom Frosch zum Prinzen zu werden. Und möglicherweise auch ein interessanter Liebhaber, denn Erotik gibt es nicht als Dienstleistung auf Vertragsebene, wie er bisher gemeint hat, sondern ganz umsonst, wenn Lust und Liebe da sind und Freude an einem anderen Menschen.

Aber auch die Königstochter beginnt mit einem Mal Persönlichkeit zu entwickeln – weil sie Gefühle zulässt und sogar herausschreit, und seien es zunächst auch nur negative. Gefühle, wenn sie erst einmal wahrgenommen werden, können sich wandeln. Genau wie der Frosch in ihr nicht mehr die symbiotische Mutterfigur sucht, löst sie sich vom Vaterideal, stellt sich auf einen neuen Typ Mann ein, beginnt wohl auch ihre kindliche Abneigung vor der Sexualität zu überwinden. Sieh mal an, aus dem glitschig-animalischen Bewerber ist ein aufregender Prinz geworden, mit dem man sicher mehr anstellen kann als Ball spielen und an der langweiligen königlichen Tafel sitzen.

Es wird eine wirklich befreite, beseelte Sexualität sein, darauf deutet die Kutsche mit den weißen Pferden und dem goldenen Zaumzeug hin. Weiß und gold sind in der uralten Sprache der Symbole die Farben von Licht, Liebe und spiritueller Erfüllung.

Der eiserne Heinrich: Sonderbar mutet der Anhang mit dem treuen Diener Heinrich an: offenbar eine Parabel auf die Treue. Der Schmerz über die Verzauberung seines Herrn hat sich beklemmend wie Eisen auf seine Brust gelegt, und die Freude über dessen Erlösung sprengt den Albdruck. Doch in verwandten Märchen und ganz frühen literarischen Vorlagen bezieht sich das Motiv auf die vom Königssohn verlassene schwangere Braut: Drei oder sogar sieben eiserne Reifen lässt sie sich um den Leib schmieden, damit sie ihr Kind nicht zur Welt bringt, bevor sie ihren Liebsten gefunden hat! Die Tiefenpsychologie deutet die Reifen als Bild für das verhärtete, gegen Gefühle gepanzerte Herz des Froschprinzen.

Vor Zeiten war ein König und eine Königin, die sprachen jeden Tag: »Ach, wenn wir doch ein Kind hätten!«, und kriegten immer keins. Da trug sich zu, als die Königin einmal im Bade saß, daß ein Frosch aus dem Wasser ans Land kroch und zu ihr sprach: »Dein Wunsch wird erfüllt werden, ehe ein Jahr vergeht, wirst du eine Tochter zur Welt bringen.« Was der Frosch gesagt hatte, das geschah, und die Königin gebar ein Mädchen, das war so schön, daß der König vor Freude sich nicht zu lassen wußte und ein großes Fest anstellte. Er lud nicht bloß seine Verwandten, Freunde und Bekannte, sondern auch die weisen Frauen dazu ein, damit sie dem Kind hold und gewogen wären. Es waren ihrer dreizehn in seinem Reiche, weil er aber nur zwölf goldene Teller hatte, von welchen sie essen sollten, so mußte eine von ihnen daheim bleiben. Das Fest ward mit aller Pracht gefeiert, und als es zu Ende war, beschenkten die weisen Frauen das Kind mit ihren Wundergaben: die eine mit Tugend, die andere mit Schönheit, die dritte mit Reichtum, und so mit allem, was auf der Welt zu wünschen ist. Als elfe ihre Sprüche eben getan hatten, trat plötzlich die dreizehnte herein. Sie wollte sich dafür rächen, daß sie nicht eingeladen war, und ohne jemanden zu grüßen oder nur anzusehen, rief sie mit lauter Stimme: »Die Königstochter soll sich in ihrem fünfzehnten Jahr an einer Spindel stechen und tot hinfallen.« Und ohne ein Wort weiter zu sprechen, kehrte sie sich um und verließ den Saal. Alle waren erschrocken, da trat die zwölfte hervor, die ihren Wunsch noch übrig hatte, und weil sie den bösen Spruch nicht aufheben, sondern nur ihn mildern konnte, so sagte sie: »Es soll aber kein Tod sein, sondern ein hundertjähriger tiefer Schlaf, in welchen die Königstochter fällt.«

Der König, der sein liebes Kind vor dem Unglück gern bewahren wollte, ließ den Befehl ausgeben, daß alle Spindeln im ganzen Königreiche sollten verbrannt werden. An dem Mädchen aber wurden die Gaben der weisen Frauen sämtlich erfüllt, denn es war so schön, sittsam, freundlich und verständig, daß es jedermann, der es ansah, liebhaben mußte. Es geschah, daß an dem Tage, wo es gerade fünfzehn Jahr alt ward, der König und die Königin nicht zu Haus waren und das Mädchen ganz allein im Schloß zurückblieb. Da ging es allerorten herum, besah Stuben und Kammern, wie es Lust hatte, und kam endlich auch an einen alten Turm. Es stieg die enge Wendeltreppe hinauf und gelangte zu einer kleinen Türe. In dem Schloß steckte ein verrosteter Schlüssel, und als es umdrehte, sprang die Türe auf, und saß da in einem kleinen Stübchen eine alte Frau mit einer Spindel und spann emsig ihren Flachs. »Guten Tag, du altes Mütterchen«, sprach die Königstochter, »was machst du da?« »Ich spinne«, sagte die Alte und nickte mit dem Kopf. – »Was ist das für ein Ding, das so lustig herumspringt?« sprach das Mädchen, nahm die Spindel und wollte auch spinnen. Kaum hatte sie aber die Spindel angerührt, so ging der Zauberspruch in Erfüllung, und sie stach sich damit in den Finger.

In dem Augenblick aber, wo sie den Stich empfand, fiel sie auf das Bett nieder, das da stand, und lag in einem tiefen Schlaf. Und dieser Schlaf verbreitete sich über das ganze Schloß: der König und die Königin, die eben heimgekommen waren und in den Saal getreten waren, fingen an einzuschlafen, und der ganze Hofstaat mit ihnen. Da schliefen auch die Pferde im Stall, die Hunde im Hofe, die Tauben auf dem Dache, die Fliegen an der Wand, ja, das Feuer, das auf dem Herd flackerte, ward still und schlief ein, und der Braten hörte auf zu brutzeln, und der Koch, der den Küchenjungen, weil er etwas versehen hatte, in den Haaren ziehen wollte, ließ ihn los und schlief. Und der Wind legte sich, und auf den Bäumen vor dem Schloß regte sich kein Blättchen mehr.

Rings um das Schloß aber begann eine Dornenhecke zu wachsen, die jedes Jahr höher ward und endlich das ganze Schloß umzog und darüber hinaus wuchs, daß gar nichts mehr davon zu sehen war, selbst nicht die Fahne auf dem Dach. Es ging aber die Sage in dem Land von dem schönen, schlafenden Dornröschen, denn so ward die Königstochter genannt, also daß von Zeit zu Zeit Königssöhne kamen und durch die Hecke in das Schloß dringen wollten. Es war ihnen aber nicht möglich, denn die Dornen, als hätten sie Hände, hielten fest zusammen, und die Jünglinge blieben darin hängen, konnten sich nicht wieder losmachen und starben eines jämmerlichen Todes. Nach langen, langen Jahren kam wieder einmal ein Königssohn in das Land und hörte, wie ein alter Mann von der Dornenhecke erzählte, es sollte ein Schloß dahinter stehen, in welchem eine wunderschöne Königstochter, Dornröschen genannt, schon seit hundert Jahren schliefe, und mit ihr schliefe der König und die Königin und der ganze Hofstaat. Er wußte auch von seinem Großvater, daß schon viele Königssöhne gekommen wären und versucht hätten, durch die Dornenhecke zu dringen, aber sie wären darin hängengeblieben und eines traurigen Todes gestorben. Da sprach der Jüngling: »Ich fürchte mich nicht, ich will hinaus und das schöne Dornröschen sehen.« Der gute Alte mochte ihm abraten, wie er wollte, er hörte nicht auf seine Worte.

Nun waren aber gerade die hundert Jahre verflossen, und der Tag war gekommen, wo Dornröschen wieder erwachen sollte. Als der Königssohn sich der Dornenhecke näherte, waren es lauter große schöne Blumen, die taten sich von selbst auseinander und ließen ihn unbeschädigt hindurch, und hinter ihm taten sie sich wieder als eine Hecke zusammen. Im Schloßhof sah er die Pferde und scheckigen Jagdhunde liegen und schlafen, auf dem Dache saßen die Tauben und hatten das Köpfchen unter den Flügel gesteckt. Und als er ins Haus kam, schliefen die Fliegen an der Wand, der Koch in der Küche hielt noch die Hand, als wollte er den Jungen anpacken, und die Magd saß vor dem schwarzen Huhn, das sollte gerupft werden. Da ging er weiter und sah im Saale den ganzen Hofstaat liegen und schlafen, und oben bei dem Throne lag der König und die Königin. Da ging er noch weiter, und alles war so still, daß einer seinen Atem hören konnte, und endlich kam er zu dem Turm und öffnete die Türe zu der kleinen Stube, in welcher Dornröschen schlief. Da lag es und war so schön, daß er die Augen nicht abwenden konnte, und er bückte sich und gab ihm einen Kuß. Wie er es mit dem Kuß berührt hatte, schlug Dornröschen die Augen auf, erwachte und blickte ihn ganz freundlich an. Da gingen sie zusammen herab, und der König erwachte und die Königin und der ganze Hofstaat und sahen einander mit großen Augen an. Und die Pferde im Hof standen auf und rüttelten sich; die Jagdhunde sprangen und wedelten; die Tauben auf dem Dache zogen das Köpfchen unterm Flügel hervor, sahen umher und flogen ins Feld; die Fliegen an den Wänden krochen weiter; das Feuer in der Küche erhob sich, flackerte und kochte das Essen; der Braten fing wieder an zu brutzeln; und der Koch gab dem Jungen eine Ohrfeige, daß er schrie; und die Magd rupfte das Huhn fertig. Und da wurde die Hochzeit des Königssohns mit dem Dornröschen in aller Pracht gefeiert, und sie lebten vergnügt bis an ihr Ende.

Was hinter der Dornenhecke passiert

Dornröschen oder: Warum Liebe und Schmerz zusammen gehören

Der Prinz ist kein Held.

Kein männlicher Leser, der ihn nicht beneidet: Ein kurzer Spazierritt und ein paar stachelige Zweige beiseite geschoben, und schon räkelt sich da die Traumfrau und will wach geküsst werden!

Aber ein Held ist er nicht – ein Glückspilz vielleicht. Er muss keine Kämpfe bestehen, keine Gefahren überwinden, keine Rivalen aus dem Feld schlagen. Er muss überhaupt nichts tun – außer zur rechten Zeit am rechten Ort zu sein.

In den guten alten Abenteuerfilmen wurde Mut belohnt und Trägheit bestraft. Doch Grimms Märchen sind keine Western. Schon wieder so eine Geschichte, die irritiert. Vielleicht sollte man sie als Lehrstück gegen den Neid lesen: Manche haben eben Glück, das ist so im Leben. Oder als Parabel, dass sich das Warten lohnt. Dass Liebe immer ein Geschenk ist und kein Honorar für erbrachte Leistungen. Besonders befriedigend klingt das alles nicht.

Ein Frosch, eine frigide Königin und dreizehn Feen

Mythenspezialisten und Psychologinnen, esoterische Gurus und Matriarchatsforscherinnen haben selbstverständlich kluge Deutungen parat. Auch die Kollegen der Brüder Grimm steuerten damals Erklärungen bei: Dornröschen verweise auf die alte germanische Rechtsform, wonach eine Leibeigene durch die Heirat mit einem Freien befreit werde, meinte der Tübinger Literaturprofessor und Sagensammler Ludwig Uhland (»Ich hatt' einen Kameraden«). Na ja.

Dornröschen: eine poetische Traumgeschichte auf nebelverhangener Bühne, die Mär von Seelenangst und alles überwindender Liebe, von Fluch und Verletzung und Heilung durch Zärtlichkeit? Eine Entwicklungsgeschichte, wieder einmal, in der ein verschüchtertes Mädchen zur Frau heranreift und seine weibliche Identität zu akzeptieren lernt? Eine Paargeschichte (obwohl das männliche Pendant erst ganz zum Schluss auf der Bildfläche erscheint)? Die Geschichte einer problematischen Vater-Tochter-Beziehung (obwohl die nur am Anfang vorkommt)? Ein später Nachklang der alten Mythen, in denen sich die Seele auf eine Jenseitsreise begibt (Jona im Bauch des Walfisches, Orpheus in der Unterwelt), um wundersame Energien zu sammeln und sich verwandeln zu lassen?

Herkunft: Dornröschen-Märchen kennt man sogar aus Indien und Arabien; die mündliche Überlieferung in Deutschland ist eher dünn gesät. Die Brüder Grimm stützten sich deshalb auf vielfältige literarische Vorlagen: Giambattista Basile (1634/36), wo die schlafende Schöne namens Talia geschwängert wird und der »Prinz« ein verheirateter König ist mit einer schrecklich eifersüchtigen Frau, die Talia verbrennen und deren Kinder »Sonne« und »Mond« dem untreuen Gemahl gekocht zur Mahlzeit vorsetzen will – was zum Glück alles noch vereitelt werden kann. Charles Perrault (1697), Madame d'Alnoy (1698).

Viel älter sind der französische *Roman de Perceforest* (um 1330) und die katalanische Novelle *Frayre de Joy es Sor de Plaser* (um 1350), ebenfalls mit dem Vergewaltigungsmotiv. Paral-

lelen finden sich in der griechischen Mythologie (Thaleia, die Tochter des Feuer- und Schmiedegottes Hephaistos, gebiert ihrem Großvater Zeus in der Abgeschiedenheit Zwillinge) und im germanischen Mythos von Odin, der eine ungehorsame Walküre mit einem Zauberdorn in ewigen Schlaf versetzt und von einer Feuerlohe bewachen lässt. Nur wer furchtlos die Flammen durchschreitet, kann die Schlafende (später bei Richard Wagner wird sie Brünnhilde heißen) erwecken.
Engelbert Humperdinck (»Hänsel und Gretel«) widmete Dornröschen 1902 eine Oper, Peter Iljitsch Tschaikowsky ein 1890 in Sankt Petersburg uraufgeführtes Ballett, in dem fünf Feen, vier Prinzen, der gestiefelte Kater, Aschenbrödel, der kleine Däumling sowie Rotkäppchen und der Wolf auftreten. Die westeuropäische Uraufführung fand 1921 in London statt, in veränderter Form und mit zusätzlicher Musik von Igor Strawinsky.
Der Zeichentrickfilm, den Walt Disney 1959 drehte, brachte seine Firma an den Rand des Ruins, heute gilt er als filmgeschichtliches Juwel – ähnlich wie Paul Lenis 1917 mit modernster Technik und einem Aufwand von fast zwei Millionen Reichsmark gedrehter Dornröschen-Film, ein Wunderwerk an Ästhetik und stilistischer Geschlossenheit. Am bekanntesten ist heute der tschechische Kinderfilm *Jak se budi princezny* (deutsche Fassung: »Wie man Dornröschen wachküsst«) von 1978: Prinz Georg aus dem Mitternachts-Königreich soll Prinzessin Rosa aus dem Rosenkönigreich heiraten, damit sie ihr Vaterschloss verlassen kann und die Prophezeiung, sie werde sich an ihrem 17. Geburtstag verletzen und in einen tiefen Schlaf fallen, nicht wahr wird. Doch die eigenwillige Rosa verliebt sich in Georgs Bruder Jaroslav, und so nimmt das Schicksal seinen Lauf.

Eigentlich beginnt die Geschichte mit einem Frosch. Das kennen wir doch! Richtig, genau wie im *Froschkönig* bringt der glitschige Geselle Hilfe in der Not, und wieder hat er als Wasserbewohner und mythischer Geburtshelfer mit Frauenproblemen zu tun, mit einem gestörten oder fehlenden Verhältnis zur Sinnlichkeit, zur Sexualität, zum Animalischen. Und dann findet diese Begegnung auch noch in einer Badestube oder an einem Seeufer statt! Was bedeutet, dass die Gedanken der Königin um Fruchtbarkeit und Erotik kreisen und um das Kind, das sie sich sehnsüchtig wünscht und nicht bekommen kann – bis zur Prophezeiung des freundlichen Fröschleins.

Als Freudenbote tritt er auf, der Frosch, und gleichzeitig verkörpert er augenfällig all das, was für die Königin unschön, abstoßend, lusttötend an der geschlechtlichen Vereinigung sein mag. Unfruchtbar kann im Märchen auch frigide heißen. Hat das Unvermögen der traurigen Königin mit ihrer Partnerwahl zu tun? Ist der Herr König ein kalt-glitschiger Frosch mit stürmischen sexuellen Wünschen und wenig Begabung, auf die Bedürfnisse seiner Frau einzugehen, ihr Vergnügen an der Erotik zu wecken? Oder sind sie beide unfähig zur Lust? Soll ihnen das heiß ersehnte Kind die fehlenden Gefühle, die abhanden gekommene Liebe ersetzen?

Soll man weiter spekulieren und im Kinderwunsch die Hoffnung ahnen, dass sich überhaupt etwas ändern soll in der glanzlos und steril gewordenen Beziehung des Königspaars, in den toten Konventionen am Hof? Wie es da zugeht, sieht man an der Anekdote mit den goldenen Tellern: Als der größte aller Wünsche in Erfüllung geht und tatsächlich ein strahlend schönes Töchterchen geboren wird, richtet der König ein prächtiges Fest aus und lädt auch die »weisen Frauen« ein, wie die Brüder Grimm stets deutschtümelnd sagen, wenn sie in ihren französischen und englischen Vorlagen auf Feen stoßen. Doch nun steht er vor dem Riesenproblem, dass es in seinem Reich 13 mächtige Feen und in seinem Haushalt nur zwölf goldene Teller gibt.

Es ist nicht zu fassen: Der Monarch ist so festgefahren in seinem höfischen Protokoll, so stur und schwerfällig, dass er gar nicht auf die Idee kommt, beim Hofjuwelier schnell einen 13. Teller in Auftrag zu geben oder ein Porzellanservice zu benutzen. Fantasie, Kreativität, spielerische Leichtigkeit gehen diesem Herrscherpaar völlig ab. Oder aber die Angeberei mit den Goldtellern ist ihm wichtiger als eine gelöste Atmosphäre beim Fest und ein gutes Einvernehmen mit den Schutzfrauen des Reiches, von denen jetzt eine tödlich beleidigt ist, weil man sie nicht eingeladen hat.

Wenn man in den zwölf zum Fest erscheinenden Feen und ihren glückverheißenden Zaubersprüchen die Personifikation der guten Wünsche und Gedanken des Königs sehen will, dann verkörpert die dreizehnte, die nicht eingeladen ist und dann doch in der Tür steht wie ein Racheengel, alles Verdrängte und Ausgegrenzte: Leidenschaft, Gefühle, Sexualität, vibrierendes Leben, Mut zum Risiko.

Die dunkle Seite wird verdrängt

Zwölf statt dreizehn. Die komplizierten Nachweise, warum in Dornröschen die Ablösung des Matriarchats durch das Patriarchat geschildert wird – weil nämlich das griechisch-römische Sonnenjahr mit seinen zwölf Monaten über das beispielsweise von den Kelten verwendete dreizehnmonatige Mondjahr siegt; alles klar? –, kann man sich ruhig schenken. Die Märchen mit ihrer hintergründigen Bilderwelt sprechen ganz gut für sich.

Und dann kommt unweigerlich der Menstruationsrhythmus auf den Tisch, der mit seinen 28 Tagen haargenau den

Mondmonaten der Frauenherrschaft entspricht. Wie leicht verfehlt eine nur noch von esoterischen Glaubenssätzen, feministischen Stereotypen und tiefenpsychologischen Symbolspielen beherrschte Märcheninterpretation das Besondere einer konkreten Erzählsituation mit ihren individuellen Charakteren – und auch die Vieldeutigkeit, die dem Märchen wie jeder großen Menschheitsliteratur innewohnt, dem Werk der Brüder Grimm genauso wie der Bibel, Dante und Shakespeare.

Jedenfalls wird etwas Entscheidendes verdrängt, etwas in den Abgründen der Seele. Verdankt die lange unfruchtbar oder frigide gewesene Königin Dornröschen etwa einem verzweifelten Seitensprung? Will sie deshalb das Kind vor der eigenen Leichtfertigkeit bewahren? Bedeutet die Verbannung der Spindeln – sie haben nicht nur eine phallische Form, man kann sich an ihnen verletzen, sie bringen den Körper zum Bluten und sind ein klassisches Bild weiblicher Tätigkeiten und Talente – aus der Umgebung der Prinzessin, dass die Königinmutter eine asexuelle Tochter will? Tritt die gefürchtete Verletzung durch die Spindel nicht ausgerechnet im 15. Lebensjahr ein, also zu dem Zeitpunkt, an dem junge Mädchen einst zum ersten Mal ihre Regel bekamen?

> »Die Spindeln sind aus dem Königreich verbannt, es wird nicht mehr gesponnen im Land des Patriarchen, der mit seiner Angst vor der Stärke des Weiblichen, vor der Macht des Schicksals nicht leben kann. Doch das Schicksal lässt sich nicht aufhalten, der König spürt es und meint abermals, er könne sich dem Laufe der Entwicklung entziehen, indem er den Zeitpunkt des vorausgesagten Geschehens ignoriert, ihn verdrängt und mitsamt dem ganzen Hofstaat (…) das Schloss am 15. Geburtstag seiner Tochter verlässt.

> (…) Er hat noch nicht verstanden, dass zur Ganzheit Männliches *und* Weibliches gehören, dass es Unheil bringt, wenn man eines ausschließt, so wie er es mit dem Weiblichen tut.«[25]
>
> Angela Waiblinger

Vielleicht sollte man einfach sagen, der König versucht mit seinem Anti-Spindel-Erlass die dunkle Seite des Lebens von seiner Tochter fernzuhalten. Das tun viele Eltern, wenn sie damit ihren Kindern auch den Weg zu eigenen Erfahrungen verbauen und alles, was spannend und interessant erscheint, unter Generalverdacht stellen. Es nützt auch wenig, denn was verboten ist, zieht nicht nur Kinder magisch an. Was spätestens am 15. Geburtstag der Königstochter klar wird. Es ist das magische Datum, an dem nach dem Spruch der 13. Fee das »Schutzalter« des Kindes endet und die tödliche Gefahr beginnt. Dass die Eltern an diesem Schicksalstag nicht zu Hause sind, mutet sonderbar an, aber vielleicht muss es so sein. Es ist wohl auch notwendig, dass die bisher so perfekt vor der Welt behütete, an ihren Entfaltungsmöglichkeiten gehinderte, in Angst und Misstrauen festgehaltene Königstochter endlich aus ihrem Gefängnis ausbricht, eine gesunde Neugier entwickelt, im Schlossturm auf Entdeckungsreise geht.

Der Turm: Schutzraum, Rückzugsmöglichkeit in das eigene Innere, Chiffre für die Jungfräulichkeit. Die Wendeltreppe: in der Traumdeutung stark sexuell besetzt, aber auch ein Bild für seelische Reifung und Aufstieg zur Erkenntnis. Die verborgene Kammer mit dem verrosteten Schlüssel: wieder ein sexuelles Symbol von fast unverschämter Direktheit – aber auch ein Hinweis, dass die Königstochter ihr Schicksal jetzt in die eigene Hand nimmt. Sie selbst sperrt die Tür zum Unbekannten auf, voller Angst und Neugier. Sie will wissen, was jenseits der Schwelle liegt. Sie will endlich leben.

Warum ist die Tür verschlossen, hinter der eine alte Frau ihrer Arbeit nachgeht? Was hat ein Bett in einer Spinnstube zu suchen? Ist Dornröschen mit seinen 15 Jahren etwa gar nicht so unschuldig und hat es sich hier hoch im Schlossturm ein Liebesnest eingerichtet, wo es sich mit einem Pagen zu verschwiegenen Spielen trifft? Was ist das für eine Kammer? Dornröschens eigener Körper? Der Abgrund ihrer Seele?

Und vor allem: Wer ist die Alte? Die 13. Fee, die ihren Fluch wahr machen will? Das Schicksal, das in den alten Mythen in Gestalt einer greisen Spinnerin die menschlichen Geschicke lenkt? Die Große Mutter, die alle Weisheit der Welt besitzt und junge Mädchen in die Geheimnisse der Weiblichkeit einweiht?

Heilschlaf hinter der Dornenhecke

Schon am ersten Tag des verhängnisvollen 15. Lebensjahres erfüllt sich Dornröschens Schicksal: Es sticht sich an der mysteriösen Spindel und fällt augenblicklich in einen tiefen Schlaf, wie es die zwölfte Fee vorausgesagt hat. Sterben wird es nicht, wie es ihm die Dreizehnte zugedacht hatte, aber dieser Schlaf hat etwas vom Tod an sich. Er ist wohl mehr als ein Bild für die kräftezehrende, problembeladene »kritische Lebensspanne«[26], in der ein junger Mensch zum Erwachsenen wird oder für den Schutz vor verfrühten sexuellen Beziehungen.[27]

100 Jahre Bewusstlosigkeit, Ohnmacht, Lähmung. Medizinisch ausgedrückt, liegt Dornröschen im Wachkoma. Man darf sich ernste Sorgen um dieses der Welt immer schon entrückte, von elterlicher Fürsorge und Kontrolle schwer belastete Kind machen, das für einen Moment den schützenden Kokon verlassen, eine kurze Stunde Mut und Abenteuerlust bewiesen hat und nun schon wieder von jeder Entfaltungsmöglichkeit ab-

geschnitten ist. Für 100 lange Jahre – eine Ewigkeit. Oder läuft unsichtbar in seinem Innern ein Entwicklungsprozess ab, während es daliegt wie eine Puppe? Aber kann es das geben, Reifung ohne äußere Anreize, ohne Kommunikation mit Menschen?

In ein **Wachkoma** fallen jedes Jahr allein in Deutschland bis zu 5.000 Menschen. Es kann jeden treffen: Ein Unfall mit schwerer Kopfverletzung oder kurzer Sauerstoffunterversorgung, wie er jeden Tag passiert, reicht aus, um die Verbindung zwischen Großhirn und Stammhirn zu unterbrechen. Die Folge: *apallisches Syndrom* – Wachkoma. Vereine wie *Dornröschen e. V.* in Bad Honnef wollen mehr Therapieplätze für Frührehabilitation und Langzeitpflege – denn vieles, was durch einen Unfall mit Schädel- oder Hirnverletzung verloren gegangen ist, kann der Mensch wieder erlernen.

Gewiss, dieser Schlaf hat auch sein Gutes. Man spricht vom »Heilschlaf«, vom »sich gesund schlafen«. Ruhe und Konzentration auf das eigene Innere sind nötig, um bevorstehende krisenhafte Veränderungen zu bewältigen. Pubertierende brauchen viel Schlaf. Vielleicht kommen uns die alten englischen Legenden von Schafhirten und Spielleuten in den Sinn, die nachts auf tanzendes Elfenvolk stoßen und mitfeiern dürfen und als sie am nächsten Morgen erwachen, sind 300 Jahre vergangen. Die irdische Zeit ist etwas Relatives, sagen diese Geschichten, und der Mensch vermag auf wunderbare Weise zu reifen, wenn er sich eine Auszeit von der Alltagswirklichkeit nimmt. Doch in solchen Legenden funktioniert die Außenwelt völlig normal weiter, während in *Dornröschen* der magische Schlaf das ganze Schloss und alle seine Bewohner umhüllt.

Und eine Dornenhecke wuchert um die Gebäude, so hoch, dass »selbst nicht die Fahne auf dem Dach« mehr zu sehen ist.

Hinter so einer Dornenhecke kann ein Mensch ausruhen, heranreifen, neu werden wie in einem schützenden Kloster. Aber das ist nur die eine Seite der Medaille. Die Dornenhecke macht das Schloss zum Paradies und zugleich zum Gefängnis, gibt der Märchenforscher Max Lüthi zu bedenken. »Die Dornenhecke, die zu töten vermag, aber schließlich herrliche Blumen erblühen lässt, bringt die alles durchdringende Polarität von Tod und Auferstehung am sichtbarsten zum Ausdruck.«[28] Rosen und Dornen: Freude und Leid, Liebe und Schmerz gehören zusammen – wie es der Name *Dornröschen* genial ausdrückt. Liebe muss manchmal weh tun. »Liebe kreuzigt, Liebe erhöht«, singt die kluge bayerische Kabarettistin Lisa Fitz, »Liebe verwundet und Liebe krönt.«

Die Psychotherapeutin Marie-Louise von Franz hat die Erfahrung gemacht, dass Dornenhecken im Traum auf übersteigerte Empfindlichkeit, Aggressivität, Angst vor Sexualität hinweisen. Zickige junge Mädchen (Jungs können das aber auch) errichten gern um sich so einen stachligen Schutzwall aus ruppiger, spöttischer Abwehr, wenn sie ihre Ruhe haben wollen.[29] Allerdings bietet die Dornenhecke der Brüder Grimm auch einem ganz anderen, konservativen Frauenbild eine Steilvorlage: Dornröschen wartet völlig passiv auf den Prinzen, der es erlösen wird. Anständige Mädchen gehen nicht offen auf mögliche Liebhaber zu, sie lassen sich finden und machen es dem Bewerber ein bisschen schwer, um herauszufinden, ob er sich auch anzustrengen bereit ist.

»Schwerlich wird man Jungfern finden,
Welche, um sich zu verbinden,
Sollten warten viele Jahre
Und behalten ihre Ware.
Nein, sie pflegen insgeheim

Zeitig zu der Eh' zu greifen
Und sich um den Schatz zu keifen;
Keine will die Letzte sein.
Sie gedenken, dass das Harren
Öfters manche macht zu Narren:
Ob uns gleich die Fabel weist,
Dass es manchmal anders heißt.«

Charles Perrault

Doch wer bringt die stehen gebliebene Welt jetzt wieder zum Laufen? Wer erweckt die schlafende Schöne hinter den Dornen zum Leben und mit ihr den Koch und den Küchenjungen, die Kammerjungfern und Wachsoldaten, die Pferde im Stall und die Tauben auf dem Dach, die 100 Jahre verdämmern müssen, obwohl der Fluch der Fee doch nur Dornröschen galt?

Die Kunde von dem bildschönen Mädchen im schlafenden Schloss hat sich längst im Land verbreitet und offenbar wissen die interessierten Königssöhne – es müssen keine Prinzen sein, aber herausragende Charaktere, ichstarke Persönlichkeiten, so will es die Märchensprache – auch irgendwoher, wie es erlöst werden kann. Aber die Mutigen bleiben alle in den Dornen hängen und kommen elend um. Sie haben keinen Fehler gemacht, sagt das Märchen, außer zu früh zu kommen.

Man darf nichts überstürzen, man muss warten können, heißt die Botschaft der bürgerlichen Pädagogik, die sich die politisch sonst so aufmüpfigen Brüder Grimm gern zu eigen gemacht haben. Man muss sich für den Richtigen aufsparen. Mit unreifen Äpfeln verdirbt man sich den Magen, mit frühreifen Liebschaften die Seele. Möglicherweise ist am Schicksal der allzu forschen Bewerber aber doch jemand schuld: nämlich Dornröschen mit seiner ambivalenten Einstellung. Vergessen wir einmal, dass es schläft: Eine Beziehung, erotische Erfahrungen, einen Liebhaber wird es herbeigesehnt und zugleich abgewehrt haben, wie viele junge Mädchen. Aus Angst und Unsicherheit wird es zur Gefahr für die Prinzen, die es mit seiner erblühenden Schönheit (und seiner aufregenden Biografie) doch anzieht wie das Licht die Motten.

> »Wann öffnet sich dieser Schutzwall aus Schönheit und Stacheln? (…) Dornröschen erschrickt (…) vor der Begegnung der Liebe an sich schon derart, dass es sein ganzes Dasein in einen Wartezustand versetzt, der mit Rosenblüten und -düften verlockt und zugleich mit tausend Dornen abblockt, verwachsen zu einem undurchdringlichen Dickicht. Es ist, als hätte in Dornröschens Wesen die eine Spitze, die es verletzte, sich als eine stachlige Mauer aus Abwehr und Angst nach außen gekehrt, so dass nur wie schemenhaft noch die dahinter verborgene Schönheit hindurchschimmern kann. Und doch gehen sehnsüchtig alle Gedanken nach draußen und rufen nach einem anderen, der zur Erlösung der zu lebendigem Totsein Verfluchten unter Todesgefahr sein Leben einsetzen wollte, um diese Wand aus Schweigen und Einsamkeit zu durchdringen (…)«[30]
>
> Eugen Drewermann

Die Bewahrpädagogik vom alten Schlag ist freilich nicht alles in der Gruselgeschichte von den tot im Gestrüpp hängenden Liebhabern. Es steckt auch eine Menge Lebens- und Liebeskunst darin: Keine Wunde heilt über Nacht. Keine Freundschaft ohne Geduld. Keine Erotik ohne Fingerspitzengefühl und Gespür für den rechten Moment. Vertrauen muss wachsen, behutsam und allmählich, damit sich ein verletzter, scheuer Mensch öffnen kann. Die Rosen, die nun endlich zu blühen beginnen und Dornröschen in ein Meer aus Duft und Farbe betten, sind ein gutes Bild dafür: Man kann eine Pflanze nicht zum Wachsen zwingen (und wer es ausnahmsweise mit einem bärenstarken Dünger schaffen sollte, der vergiftet nur den Boden). Eine Rose bricht dann auf, wenn die Zeit dafür reif ist. Wer sie mit Gewalt öffnen will, macht sie kaputt.

Deshalb müssen die 100 Jahre abgewartet werden und muss die klassische Vollzahl 100 erreicht sein, bis die Dornenhecke den Weg zu Dornröschen freigibt. Und jetzt geht alles wie von selbst: Als sich der rechte Prinz nähert, wird aus dem Gestrüpp ein Blumenparadies, das sich vor ihm öffnet und hinter ihm wieder schließt. Jetzt ist Schluss mit Warten, plötzlich ist spontane Abenteuerlust gefragt, es ist wie bei manchen scheinbar passiven Heranwachsenden, die mit einem Mal alles nachzuholen beginnen, was sie in ihrer trägen Periode versäumt haben.

Ganz so einfach wird es ihm eben doch nicht gemacht, dem Glückspilz von Königssohn, der den richtigen Zeitpunkt erwischt hat. Denn den muss er jetzt auch entschlossen nutzen, und er ist vermutlich auch bereit gewesen, sich Gefahren auszusetzen und die Dornenhecke mit Schwert oder Beil zu zerhacken; er konnte ja nicht wissen, dass es so leicht sein würde. Ein »guter Alter« hat ihn gewarnt und ihm vom grässlichen Schicksal seiner Vorgänger berichtet, um die Ernsthaftigkeit des Bewerbers zu testen.

Und jetzt genügt es, dass der Prinz seiner Sehnsucht folgt. Dass er die – rational kaum erklärbare – Zuneigung zu einem Phantom, das er nie gesehen hat und dennoch mit allen Fasern zu lieben glaubt, über alle Angst und nüchterne Vorsicht stellt. Die Szene, wie sich die beiden begegnen, der Träumer und sein – wiederum von ihm träumendes – Traumbild, der ohne irgendeine Erfolgsgarantie unsterblich Verliebte und die im todesähnlichen Schlaf vor Sehnsucht Brennende, der Suchende und die, in der er sich selbst finden wird, ist voll zauberhafter Poesie:

»Da ging er noch weiter, und alles war so still, dass einer seinen Atem hören konnte (…). Da lag es und war so schön, dass er die Augen nicht abwenden konnte, und er bückte sich und gab ihm einen Kuss.«

Nur ein Kuss? Es gibt Märchenvarianten, in denen der Prinz mit der schlafenden Prinzessin verkehrt – moralisch und juristisch eine überaus heikle Sache – und Dornröschen beim Erwachen zwei Kinder »Sonne« und »Mond« zur Welt bringt. Vielleicht ein Bild dafür, dass das Mondhafte, Sinnliche, Weibliche jetzt nicht mehr aus seinem Leben ausgegrenzt ist.

Aber darauf kommt es nicht an. Zu Dornröschens Erwecktwerden, zur Ablösung einer ängstlichen, scheuen, traumverlorenen Existenz durch ein frei gewähltes, selbst bestimmtes Leben in Vertrauen und Verantwortung gehört mehr als ein Kuss. Um ein atemberaubend »schönes« (in der Märchensprache: vollkommenes) Mädchen wie Schneewittchen, Rapunzel, Aschenputtel oder Dornröschen zu erringen, muss der Bewerber jeweils aktiv werden: das tote Schneewittchen suchen und in sein Heim bringen, an Rapunzels ellenlangem, blonden Haarschopf sich einen Turm hochhangeln, die geheimnisvolle Tänzerin Aschenputtel mit viel List und Mühe entlarven – oder das Leben aufs Spiel setzen, um eine mörderische Dornenhecke zu durchdringen.

Mit dem Kuss beginnt erst alles. Der Prinz muss eine Beziehung zu einem Mädchen aufbauen, mit dem er noch kein Wort gesprochen hat – und er wird sich dabei so einfühlsam und geduldig verhalten müssen wie bei dieser ersten Begegnung, als er sich mit einem zarten Kuss begnügt hat. Aber auch die Prinzessin muss lernen, ihre Passivität zu überwinden, ein Lebensmodell für sich zu entwerfen, Ansprüche anzumelden, aber auch Verantwortung für die jetzt emporwachsende Beziehung zu übernehmen (ihre Kinder »Sonne« und »Mond« in der erwähnten Märchenvariante wären ein Bild dafür). Sie muss lernen, nicht alles vom Prinzen zu erwarten und ihm weiter die gesamte Aktivität zu überlassen. Retter wollen irgendwann einmal Partner werden, sonst sind sie überfordert.

Das Märchen ist erst dann zu Ende, wenn eine tragfähige Paarbeziehung zwischen den beiden entstanden ist: keine Symbiose, kein endloses Rollenspiel zwischen Opfer und Retter, sondern ein Miteinander von zwei Erwachsenen, die ihr Gegenüber als ganz anders, eigenständig, unberechenbar, unmanipulierbar akzeptieren – und genau deshalb lieben.

Wenn es so weit ist, dann wird die Welt endgültig aufgewacht sein, die kleine Schlosswelt mit Küchenjungen und Kammerjungfern, Pferden und Tauben – weil nichts so spannend ist, wie wenn zwei junge Menschen das Experiment der Liebe wagen. Wer wird so etwas verschlafen wollen?

Vor einem großen Walde wohnte ein armer Holzhacker mit seiner Frau und seinen zwei Kindern; das Bübchen hieß Hänsel und das Mädchen Gretel. Er hatte wenig zu beißen und zu brechen, und einmal, als große Teuerung ins Land kam, konnte er das tägliche Brot nicht mehr schaffen. Wie er sich nun abends im Bette Gedanken machte und sich vor Sorgen herumwälzte, seufzte er und sprach zu seiner Frau: »Was soll aus uns werden? Wie können wir unsere armen Kinder ernähren, da wir für uns selbst nichts mehr haben?« »Weißt du was, Mann«, antwortete die Frau, »wir wollen morgen in aller Frühe die Kinder hinaus in den Wald führen, wo er am dicksten ist. Da machen wir ihnen ein Feuer an und geben jedem noch ein Stückchen Brot, dann gehen wir an unsere Arbeit und lassen sie allein. Sie finden den Weg nicht wieder nach Haus, und wir sind sie los.« »Nein, Frau«, sagte der Mann, »das tue ich nicht; wie sollt ich's übers Herz bringen, meine Kinder im Walde allein zu lassen! Die wilden Tiere würden bald kommen und sie zerreißen.« »Oh, du Narr«, sagte sie, »dann müssen wir alle viere Hungers sterben, du kannst nur die Bretter für die Särge hobeln«, und ließ ihm keine Ruhe, bis er einwilligte. »Aber die armen Kinder dauern mich doch«, sagte der Mann. Die zwei Kinder hatten vor Hunger auch nicht einschlafen können und hatten gehört, was die Stiefmutter zum Vater gesagt hatte. Gretel weinte bittere Tränen und sprach zu Hänsel: »Nun ist's um uns geschehen.« »Still, Gretel«, sprach Hänsel, »gräme dich nicht, ich will uns schon helfen.« Und als die Alten eingeschlafen waren, stand er auf, zog sein Röcklein an, machte die Untertüre auf und schlich sich hinaus. Da schien der Mond ganz hell, und die weißen Kieselsteine, die vor dem Haus lagen, glänzten wie lauter Batzen. Hänsel bückte sich und steckte so viele in sein Rocktäschlein, als nur hinein wollten. Dann ging er wieder zurück, sprach zu Gretel: »Sei getrost, liebes Schwesterchen, und schlaf nur ruhig ein, Gott wird uns nicht verlassen«, und legte sich wieder in sein Bett.

Als der Tag anbrach, noch ehe die Sonne aufgegangen war, kam schon die Frau und weckte die beiden Kinder: »Steht auf, ihr Faulenzer, wir wollen in den Wald gehen und Holz holen.« Dann gab sie jedem ein Stückchen Brot und sprach: »Da habt ihr etwas für den Mittag, aber eßt's nicht vorher auf, weiter kriegt ihr nichts.« Gretel nahm das Brot unter die Schürze, weil Hänsel die Steine in der Tasche hatte. Danach machten sie sich alle zusammen auf den Weg nach dem Wald. Als sie ein Weilchen gegangen waren, stand Hänsel still und guckte nach dem Haus zurück und tat das wieder und immer wieder. Der Vater sprach: »Hänsel, was guckst du da und bleibst zurück, hab acht und vergiß deine Beine nicht!« »Ach, Vater«, sagte Hänsel, »ich sehe nach meinem weißen Kätzchen, das sitzt oben auf dem Dach und will mir Ade sagen.« Die Frau sprach: »Narr, das ist dein Kätzchen nicht, das ist die Morgensonne, die auf den Schornstein scheint.« Hänsel aber hatte nicht nach dem Kätzchen gesehen, sondern immer einen von den blanken Kieselsteinen aus seiner Tasche auf den Weg geworfen.

Als sie mitten in den Wald gekommen waren, sprach der Vater: »Nun sammelt Holz, ihr Kinder, ich will ein Feuer anmachen, damit ihr nicht friert.« Hänsel und Gretel trugen Reisig zusammen, einen kleinen Berg hoch. Das Reisig ward angezündet, und als die Flamme recht hoch brannte, sagte die Frau: »Nun legt euch ans Feuer, ihr Kinder, und ruht euch aus, wir gehen in den Wald und hauen Holz. Wenn wir fertig sind, kommen wir wieder und holen euch ab.«

Hänsel und Gretel saßen um das Feuer, und als der Mittag kam, aß jedes sein Stücklein Brot. Und weil sie die Schläge der Holzaxt hörten, so glaubten sie, ihr Vater wär' in der Nähe. Es war aber nicht die Holzaxt, es war ein Ast, den er an einen dürren Baum gebunden hatte und den der Wind hin und her schlug. Und als sie so lange gesessen hatten, fielen ihnen die Augen vor Müdigkeit zu, und sie schliefen fest ein. Als sie endlich erwachten, war es schon finstere Nacht. Gretel fing an zu weinen und sprach: »Wie sollen wir nun aus dem Wald kommen?« Hänsel aber tröstete sie: »Wart nur ein Weilchen, bis der Mond aufgegangen ist, dann wollen wir den Weg schon finden.« Und als der volle Mond aufgestiegen war, so nahm Hänsel sein Schwesterchern an der Hand und ging den Kieselsteinen nach, die schimmerten wie neugeschlagene Batzen und zeigten ihnen den Weg. Sie gingen die ganze Nacht hindurch und kamen bei anbrechendem Tag wieder zu ihres Vaters Haus. Sie klopften an die Tür, und als die Frau aufmachte und sah, daß es Hänsel und Gretel waren, sprach sie: »Ihr bösen Kinder, was habt ihr so lange im Walde geschlafen, wir haben geglaubt, ihr wollet gar nicht wiederkommen.« Der Vater aber freute sich, denn es war ihm zu Herzen gegangen, daß er sie so allein zurückgelassen hatte.

Nicht lange danach war wieder Not in allen Ecken, und die Kinder hörten, wie die Mutter nachts im Bette zu dem Vater sprach: »Alles ist wieder aufgezehrt, wir haben noch einen halben Laib Brot, hernach hat das Lied ein Ende. Die Kinder müssen fort, wir wollen sie tiefer in den Wald hineinführen, damit sie den Weg nicht wieder herausfinden; es ist sonst keine Rettung für uns.« Dem Mann fiel's schwer aufs Herz, und er dachte: Es wäre besser, daß du den letzten Bissen mit deinen Kindern teiltest. Aber die Frau hörte auf nichts, was er sagte, schalt ihn und machte ihm Vorwürfe. Wer A sagt, muß B sagen, und weil er das erstemal nachgegeben hatte, so mußte er es auch zum zweitenmal.

Die Kinder waren aber noch wach gewesen und hatten das Gespräch mitangehört. Als die Alten schliefen, stand Hänsel wieder auf, wollte hinaus und die Kieselsteine auflesen, wie das vorigemal; aber die Frau hatte die Tür verschlossen, und Hänsel konnte nicht heraus. Aber er tröstete sein Schwesterchen und sprach: »Weine nicht, Gretel, und schlaf nur ruhig, der liebe Gott wird uns schon helfen.«

Am frühen Morgen kam die Frau und holte die Kinder aus dem Bette. Sie erhielten ihr Stückchen Brot, das war aber noch kleiner als das vorigemal. Auf dem Wege nach dem Wald bröckelte es Hänsel in der Tasche, stand oft still und warf ein Bröcklein auf die Erde. »Hänsel, was stehst du und guckst dich um?«, sagte der Vater, »geh deiner Wege!« »Ich sehe nach meinem Täubchen, das sitzt auf dem Dache und will mir Ade sagen«, antwortete Hänsel. »Narr«, sagte die Frau, »das ist dein Täubchen nicht, das ist die Morgensonne, die auf den Schornstein oben scheint.« Hänsel aber warf nach und nach alle Bröcklein auf den Weg.

Die Frau führte die Kinder noch tiefer in den Wald, wo sie ihr Lebtag noch nicht gewesen waren. Da ward wieder ein großes Feuer angemacht, und die Mutter sagte: »Bleibt nur da sitzen, ihr Kinder, und wenn ihr müde seid, könnt ihr ein wenig schlafen. Wir gehen in den Wald und hauen Holz, und abends, wenn wir fertig sind, kommen wir und holen euch ab.« Als es Mittag war, teilte Gretel ihr Brot mit Hänsel, der sein Stück auf den Weg gestreut hatte. Dann schliefen sie ein, und der Abend verging; aber niemand kam zu den armen Kindern. Sie erwachten erst in der finstern Nacht, und Hänsel tröstete sein Schwesterchen und sagte: »Wart nur, Gretel, bis der Mond aufgeht, dann werden wir die Brotbröcklein sehen, die ich ausgestreut habe, die zeigen uns den Weg nach Haus.« Als der Mond kam, machten sie sich auf, aber sie fanden kein Bröcklein mehr, denn die viel tausend Vögel, die im Walde und im Felde umherfliegen, die hatten sie weggepickt. Hänsel sagte zu Gretel: »Wir werden den Weg schon finden.« Aber sie fanden ihn nicht. Sie gingen die ganze Nacht und noch einen Tag von Morgen bis Abend, aber sie kamen aus dem Wald nicht heraus und waren so hungrig, denn sie hatten nichts als die paar Beeren, die auf der Erde standen. Und weil sie so müde waren, daß die Beine sie nicht mehr tragen wollten, so legten sie sich unter einen Baum und schliefen ein. Nun war's schon der dritte Morgen, daß sie ihres Vaters Haus verlassen hatten. Sie fingen wieder an zu gehen, aber sie gerieten immer tiefer in den Wald, und wenn nicht bald Hilfe kam, mußten sie verschmachten. Als es Mittag war, sahen sie ein schönes, schneeweißes Vögelein auf einem Ast sitzen, das sang so schön, daß sie stehen blieben und ihm zuhörten. Und als es fertig war, schwang es seine Flügel und flog vor ihnen her, und sie gingen ihm nach, bis sie zu einem Häuschen gelangten, auf dessen Dach es sich setzte, und als sie ganz nahe herankamen, so sahen sie, daß das Häuslein aus Brot gebaut war und mit Kuchen gedeckt; aber die Fenster waren von hellem Zucker. »Da wollen wir uns dranmachen«, sprach Hänsel, »und eine gesegnete Mahlzeit halten. Ich will ein Stück vom Dach essen, Gretel, du kannst vom Fenster essen, das schmeckt süß.« Hänsel reichte in die Höhe und brach sich ein wenig vom Dach ab, um zu versuchen, wie es schmeckte, und Gretel stellte sich an die Scheiben und knupperte daran. Da rief eine feine Stimme aus der Stube heraus:

»Knupper, knupper, Kneischen,
wer knuppert an meinem Häuschen?

Die Kinder antworteten:

»Der Wind, der Wind,
das himmlische Kind«,

und aßen weiter, ohne sich irre machen zu lassen. Hänsel, dem das Dach sehr gut schmeckte, riß sich ein großes Stück davon herunter, und Gretel stieß eine ganze runde Fensterscheibe heraus, setzte sich nieder und tat sich wohl damit. Da ging auf einmal die Türe auf, und eine steinalte Frau, die sich auf eine Krücke stützte, kam herausgeschlichen. Hänsel und Gretel erschraken so gewaltig, daß sie fallen ließen, was sie in den Händen hielten. Die Alte aber wackelte mit dem Kopfe und sprach: »Ei, ihr lieben Kinder, wer hat euch hierher gebracht? Kommt nur herein und bleibt bei mir, es geschieht euch kein Leid.« Sie faßte beide an der Hand und führte sie in ihr Häuschen. Da ward ein gutes Essen aufgetragen, Milch und Pfannkuchen mit Zucker, Äpfel und Nüsse. Hernach wurden zwei schöne Bettlein weiß gedeckt, und Hänsel und Gretel legten sich hinein und meinten, sie wären im Himmel.

Die Alte hatte sich nur freundlich angestellt, sie war aber eine böse Hexe, die den Kindern auflauerte, und hatte das Brothäuslein bloß gebaut, um sie herbeizulocken. Wenn eins in ihre Gewalt kam, so machte sie es tot, kochte es und aß es, und das war ihr ein Festtag. Die Hexen haben rote Augen und können nicht weit sehen, aber sie haben eine feine Witterung wie die

Tiere und merken's, wenn Menschen herankommen. Als Hänsel und Gretel in ihre Nähe kamen, da lachte sie boshaft und sprach höhnisch: »Die habe ich, die sollen mir nicht wieder entwischen!« Früh morgens, ehe die Kinder erwacht waren, stand sie schon auf, und als sie beide so lieblich ruhen sah, mit den vollen roten Backen, so murmelte sie vor sich hin: »Das wird ein guter Bissen werden.« Da packte sie Hänsel mit ihrer dürren Hand und trug ihn in einen kleinen Stall und sperrte ihn mit einer Gittertüre ein. Er mochte schrein, wie er wollte, es half ihm nichts. Dann ging sie zur Gretel, rüttelte sie wach und rief: »Steh auf, Faulenzerin, trag Wasser und koch deinem Bruder etwas Gutes, der sitzt draußen im Stall und soll fett werden. Wenn er fett ist, so will ich ihn essen.« Gretel fing an bitterlich zu weinen; aber es war alles vergeblich, sie mußte tun, was die böse Hexe verlangte.

Nun ward dem armen Hänsel das beste Essen gekocht, aber Gretel bekam nichts als Krebsschalen. Jeden Morgen schlich die Alte zu dem Ställchen und rief: »Hänsel, streck deine Finger heraus, damit ich fühle, ob du bald fett bist.« Hänsel streckte ihr aber ein Knöchlein heraus, und die Alte, die trübe Augen hatte, konnte es nicht sehen und meinte, es wären Hänsels Finger, und verwunderte sich, daß er gar nicht fett werden wollte. Als vier Wochen herum waren und Hänsel immer mager blieb, da überkam sie die Ungeduld, und sie wollte nicht länger warten. »Heda, Gretel«, rief sie dem Mädchen zu, »sei flink und trag Wasser! Hänsel mag fett oder mager sein, morgen will ich ihn schlachten und kochen.« Ach, wie jammerte das arme Schwesterchen, als es das Wasser tragen mußte, und wie flossen ihm die Tränen über die Backen herunter! »Lieber Gott, hilf uns doch«, rief sie aus, »hätten uns nur die wilden Tiere im Wald gefressen, so wären wir doch zusammen gestorben!« »Spar nur dein Geplärre«, sagte die Alte, »es hilft dir alles nichts.«

Früh morgens mußte Gretel heraus, den Kessel mit Wasser aufhängen und Feuer anzünden. »Erst wollen wir backen«, sagte die Alte, »ich habe den Backofen schon eingeheizt und den Teig geknetet.« Sie stieß das arme Gretel hinaus zu dem Backofen, aus dem die Feuerflammen schon herausschlugen »Kriech hinein«, sagte die Hexe, »und sieh zu, ob recht eingeheizt ist, damit wir das Brot hineinschieben können.« Und wenn Gretel darin war, wollte sie den Ofen zumachen und Gretel sollte darin braten, und dann wollte sie's aufessen. Aber Gretel merkte, was sie im Sinn hatte, und sprach: »Ich weiß nicht, wie ich's machen soll; wie komm ich da hinein?« »Dumme Gans«, sagte die Alte, »die Öffnung ist groß genug, siehst du wohl, ich könnte selbst hinein«, krabbelte heran und steckte den Kopf in den Backofen. Da gab ihr Gretel einen Stoß, daß sie weit hineinfuhr, machte die eiserne Tür zu und schob den Riegel vor. Hu! Da fing sie an zu heulen, ganz grauselich; aber Gretel lief fort, und die gottlose Hexe mußte elendiglich verbrennen.

Gretel aber lief schnurstracks zum Hänsel, öffnete sein Ställchen und rief: »Hänsel, wir sind erlöst, die alte Hexe ist tot.« Da sprang Hänsel heraus wie ein Vogel aus dem Käfig, wenn ihm die Türe aufgemacht wird. Wie haben sie sich gefreut, sind sich um den Hals gefallen, sind herumgesprungen und haben sich geküßt! Und weil sie sich nicht mehr zu fürchten brauchten, so gingen sie in das Haus der Hexe hinein. Da standen in allen Ecken Kasten mit Perlen und Edelsteinen. »Die sind noch besser als Kieselsteine«, sagte Hänsel und steckte in seine Taschen, was hinein wollte. Und Gretel sagte:« Ich will auch etwas mit nach Haus bringen«, und füllte sein Schürzchen voll. »Aber jetzt wollen wir fort«, sagte Hänsel, »damit wir aus dem Hexenwald herauskommen.« Als sie aber ein paar Stunden gegangen waren, gelangten sie an ein großes Wasser. »Wir können nicht hinüber«, sprach Hänsel, »ich seh keinen Steg und keine Brücke.« »Hier fährt auch kein Schiffchen«, antwortete Gretel, »aber da schwimmt eine weiße Ente, wenn ich die bitte, so hilft sie uns hinüber.« Da rief sie:

»Entchen, Entchen,
da steht Gretel und Hänsel.
Kein Steg und keine Brücke,
nimm uns auf deinen weißen Rücken.«

Das Entchen kam auch heran, und Hänsel setzte sich auf und bat sein Schwesterchen, sich zu ihm zu setzen. »Nein«, antwortete Gretel, »es wird dem Entchen zu schwer, es soll uns nacheinander hinüberbringen.« Das tat das gute Tierchen, und als sie glücklich drüben waren und ein Weilchen fortgingen, da kam ihnen der Wald immer bekannter und immer bekannter vor, und endlich erblickten sie von weitem ihres Vaters Haus. Da fingen sie an zu laufen, stürzten in die Stube hinein und fielen ihrem Vater um den Hals. Der Mann hatte keine frohe Stunde gehabt, seitdem er die Kinder im Walde gelassen hatte, die Frau aber war gestorben. Gretel schüttelte sein Schürzchen aus, daß die Perlen und Edelsteine in der Stube herumsprangen, und Hänsel warf eine Handvoll nach der andern aus seiner Tasche dazu. Da hatten alle Sorgen ein Ende, und sie lebten in lauter Freude zusammen.

Mein Märchen ist aus, dort läuft eine Maus, wer sie fängt, darf sich eine große Pelzkappe daraus machen.

Wie man eine Hexe überlistet

Hänsel und Gretel oder: Der gefahrvolle Weg, erwachsen zu werden

Die guten alten Märchen: schlichte, naive Volkspoesie – oder doch nicht? Wie raffiniert sie erzählt sind, merkt man an den Anfängen. Gerade die »Klassiker« beginnen oft mit einem verstörenden Knalleffekt. Die Familienidylle von *Hänsel und Gretel* wird schon nach wenigen Sätzen brutal zerstört: Die Mutter schlägt vor, die Kinder in den dichten Wald zu führen und dort allein zu lassen, »und wir sind sie los.«

Eigenartig, dass ausgerechnet dieses Märchen in der Beliebtheitsskala nur noch von *Schneewittchen* übertroffen wird (wo es ebenfalls ziemlich grausam zugeht und die Stiefmutter Mordpläne gegen ihr hübsches Töchterchen spinnt). Das Geschwisterpaar ist im kulturellen Bewusstsein allgegenwärtig wie Romeo und Julia oder Bonnie and Clyde: Die RAF-Terroristen Andreas Baader und Gudrun Ensslin gaben sich die Codenamen *Hans und Grete*; in Karlsruhe, Gladbeck, Münster und anderen deutschen Städten gibt es ein Netzwerk von Läden, in denen Kinder bei Gefahr Zuflucht finden, gekennzeichnet durch ein Logo an der Eingangstür: »Wo wir sind, bist Du sicher.« Erfinderin des Projekts: eine Stiftung namens *Hänsel und Gretel.*

Kinder sollen im Wald ausgesetzt werden, wo sie hoffentlich verhungern oder von wilden Tieren zerrissen werden, ein kleiner Junge wird von einer kannibalischen Zauberin in einen Stall gesperrt und gemästet, am Ende verbrennt das böse Weib im eigenen Backofen. Auf der anderen Seite ein Wunderland aus Kinderträumen mit Lebkuchenhäuschen, Zuckerfenstern und hilfreichen Tieren. Ist es diese verwirrende Mischung von Horror und Kinderparadies, die das Märchen so populär gemacht hat?

Die Brüder Grimm haben das Märchen gleich zweimal erzählt, 1810 und 1819. In der zweiten Fassung ist aus der leiblichen Mutter eine Stiefmutter geworden, der man ein hartherziges Verhalten eher zutraut. Neu sind der schöne Reim »der Wind, der Wind, das himmlische Kind« und die Geschichte vom großen Wasser und der Ente, auf der man reiten kann. Ludwig Bechstein macht in seinem *Deutschen Märchenbuch* 1845 dann die Stiefmutter wieder rückgängig, und er lässt die Mama – wie in der Urfassung der Brüder Grimm – am Leben bleiben, bereuen und sich über die Rückkehr der Kinder (die bei Bechstein von einem weißen Vöglein nach Hause geleitet werden) freuen.

Herkunft: Die Vorlage stammt wohl wieder von »Dortchen«, der Apothekerstochter Henriette Dorothea Wild, die mit Wilhelm Grimm verheiratet war, den beiden unzertrennlichen Brüdern den Haushalt führte und über einen unerschöpflichen Vorrat an hessischen Volksmärchen verfügte. Aber auch italienische und französische Vorbilder wie Giambattista Basile (1634/36), Charles Perrault (1697) und die Feenmärchen der Baronessen d'Alnoy (ebenfalls 1697) standen Pate.

Besonders pfiffig die Version von Perrault: Hier setzt das ins Elend geratene Holzhackerpaar alle seine sieben Söhne aus, und statt im Hexenhaus endet ihr Herumirren bei einer Menschenfresserfamilie, die praktischerweise sieben Töchter hat. Der Kleinste, ein äußerst gewitztes Kerlchen, vertauscht die Mützen der Holzhackerkinder nachts mit den Krönchen der

Menschenfressertöchter – und der dumme Kannibale schlachtet und verzehrt mit großem Appetit die eigenen Kinder.

Natürlich sind sich die Märchenforscher, Pädagogen und Tiefenpsychologen wieder mal absolut nicht einig, worin die Botschaft des Märchens besteht. Die einfachste Interpretation: Die kleinen Leser oder Hörer sollen ein gesundes Misstrauen gegen Fremde entwickeln, die sie in ihre Wohnung locken wollen. Oder geht es um die immer schon schwarzweiß malenden Heldensagen von König Artus bis zu Arnold Schwarzeneggers *Terminator* mit ihrer schlichten Moral: Das Böse muss vernichtet werden, damit das Gute überleben kann?

Oder ist es eine Reifungsgeschichte, wie sie in den Märchen oft vorkommt? Stehen die Abenteuer von Hänsel und Gretel für das Erwachsenwerden, für den mit Angst und Verzagtheit, Neugier und Mut verbundenen Weg aus der Kindheit in ein verantwortungsbewusstes Leben?

Für den 1990 in Maryland gestorbenen Psychoanalytiker Bruno Bettelheim ist das Ausgesetztwerden durch die Eltern nichts als eine typische kindliche Angstphantasie: Angst davor, verstoßen und allein gelassen zu werden, wie es jedes Kind erlebt, das im Dunkel der Nacht hungrig aufwacht. Und tut die notwendige Ablösung von den schützenden, behütenden (aber auch vereinnahmenden, kontrollierenden, Eigenständigkeit verhindernden) Eltern nicht zwangsläufig weh? Haben die Naturvölker die Gebäude für die schmerzlichen Initiationsriten ihrer jungen Männer nicht immer tief im Wald errichtet – im Waldesdickicht steht auch das Lebkuchenhaus der Hexe – und hatten diese »Einweihungshäuser« nicht oft die Form eines Fisches, der sein Maul öffnet, um die jungen Menschen zu fressen?

Entpuppt sich *Hänsel und Gretel* am Ende als dramatische Geschichte eines Familienkonflikts? Helfen die Geschwister einander, sich aus der allzu starken Bindung an eine Mutter zu lösen, die einmal als gleichgültig und feindlich erscheint, dann wieder – in der Gestalt der Hexe in ihrem leckeren Wunderhäuschen – als überfürsorgliche, alle Wünsche erfüllende Glucke?

Grausam aus Verzweiflung

Die heile Welt, die im Häuschen am Waldrand gleich zu Anfang zerbricht, hat es hier wohl nie gegeben. Doch vielleicht muss man gar nicht lange nach seelischen Abgründen und Verunstaltungen bei Hänsels und Gretels Eltern suchen. Sie sind immer schon arm gewesen. Als die Inflation die Lebensmittel drastisch verteuert, hat die vierköpfige Familie nicht einmal mehr das tägliche Brot – von Butter, Milch, Nudeln und Fleisch ganz zu schweigen. Hunger entmenschlicht, macht hart, bitter, egoistisch. Der Zwang, ein Leben am Rand des Existenzminimums zu fristen, zerstört Menschenwürde und Menschenliebe. Und das keineswegs nur im bösen Märchen.

Und auch nicht nur in der Dritten Welt, wo in den Slums von Kalkutta, Nairobi, Rio de Janeiro Massen todgeweihter, ausgemergelter Elendsgestalten um ein paar Quadratmeter Lebensraum kämpfen, wo es als soziale Revolution gilt, wenn irgendeine Regierung den unterernährten Schulkindern eine Flasche Milch pro Tag garantiert, wo zu Skeletten abgemagerte Menschen in Blechhütten dahin vegetieren und am Straßenrand unbeachtet sterben.

Jedes fünfte Kind ist arm. Jeder vierte Jugendliche ist von materieller Not bedroht. Die größte Gruppe der von Sozialhilfe Lebenden ist noch keine 18 Jahre alt. Kinder mit erhöhtem Armutsrisiko haben besonders häufig gesundheitliche Probleme oder sind in ihrer körperlichen Entwicklung zurückgeblieben. Diese Zahlen stammen nicht aus Venezuela oder

Kasachstan, sondern aus der immer noch im Wohlstand lebenden Bundesrepublik und wurden 2008 vom Deutschen Institut für Wirtschaftsforschung und vom Deutschen Kinderhilfswerk veröffentlicht.

Menschen, denen es dreckig geht, halten besser zusammen – so beruhigen die, denen es unverschämt gut geht, gern ihr Gewissen. Mag durchaus sein, dass Armut Solidarität befördert und zum Kämpfen ermutigt. Manchmal. Viel häufiger jedoch wird, wer nichts zu essen hat, zum Dieb, zum rücksichtslosen Gewalttäter. Nicht aus moralischer Schlechtigkeit, sondern aus Verzweiflung – die wir auch der Rabenmutter in *Hänsel und Gretel* zugestehen sollten. Im lähmenden Dilemma, die ganze Familie dem Hungertod auszuliefern oder die Zahl der Esser zu reduzieren, entscheidet sie sich für das eigentlich Undenkbare. Edler und mütterlicher klänge es natürlich, sie würde den Kindern den letzten Bissen Brot zustecken und auf ein Wunder warten. Und dann? Was soll sie tun, wenn das Wunder ausbleibt?

Die **böse Stiefmutter** kommt in zahlreichen Märchen vor, was die Forschung mit der einstigen hohen Sterblichkeitsrate bei der Geburt und im Wochenbett erklärt; der allein erziehende Witwer bemühte sich in der Regel, eilends eine neue Frau zu finden, die dem Baby der Vorgängerin oft keine besonderen Sympathien entgegenbrachte.
Psychologie und Soziologie geben zu bedenken, dass auch aus der leiblichen Mutter in der Wahrnehmung einer Tochter eine feindliche »Stiefmutter« werden kann, wenn das Kind flügge wird und zur jungen Frau heranwächst. Dann stehen sich die beiden nicht selten als Rivalinnen gegenüber – besonders deutlich im Märchen *Schneewittchen.*

Man muss gar keine psychologischen Purzelbäume schlagen und darüber spekulieren, ob die Eltern durch die Verstoßung der Kinder in den sicheren Tod das eigene Sterbenmüssen verdrängen wollen, ob archaische Menschenopfer-Rituale in der Geschichte stecken oder ob der Tötungswunsch auf perverse Weise die Sehnsucht nach einem schöpferischen Neuanfang ausdrückt. Ihr Verhalten ist mies, brutal, grauenhaft – selbst wenn es aus auswegloser Verzweiflung geboren sein sollte.

Doch warum gehorchen die Kinder, die das Gespräch belauscht haben, so fügsam? Warum verstecken sie sich nicht, warum erheben sie keinen weinenden Protest? Weil sie – besser als manche entrüsteten modernen Leser – die furchtbare Zerrissenheit der Eltern zwischen Liebe und Apathie, zwischen Beschützenwollen und Preisgebenmüssen verstehen? Weil sie in einem trotzigen Jetzt-erst-recht an diesen Eltern hängen, die vor den Umständen kapitulieren, für die sie nichts können, und schuldig werden, weil ihnen kein Ausweg bleibt?

> Weil sie ihr Zimmer nicht aufgeräumt hatten, setzte eine Mutter (29) im baden-württembergischen Uttenweiler ihre beiden Töchter (vier und sieben Jahre alt) im Wald aus. Eine Spaziergängerin fand die Kleinen frierend und verängstigt und alarmierte die Polizei. Der 24-jährige Lebensgefährte der Mutter hatte die Mädchen in einem Waldgebiet mit einer Decke und Spielsachen ausgesetzt und war davon gefahren. Als er sie am Abend wieder abholen wollte, waren sie schon von der Polizei weggebracht worden.
>
> Es handle sich um eine »einigermaßen intakte« Familie, sagte ein Polizeisprecher. Allerdings seien die Mutter und ihr Lebensgefährte mit der Erziehung von insgesamt vier Kindern zwischen vier und neun Jahren deutlich überfordert. Beim Wiedersehen hätten sich alle »total gefreut«. Eine vom Jugendamt

eingesetzte Familienpflegerin soll sich jetzt um das Paar und die Kinder kümmern. Zeitungsmeldung aus dem Jahr 2007

Dass die Kinder in den Wald geschickt – und nicht etwa in ein Boot gesetzt oder in einen Keller gesperrt – werden, lässt den erfahrenen Märchenleser hoffen: Der Wald gilt als geheimnisvoller, ja sogar heiliger Bereich, in dem sich Wunderdinge ereignen und Zauberwesen Überraschungen bereithalten. Der Wald ist voller Finsternis und Gefahren, aber auch ein Schutzraum und Ort der Geborgenheit, wo man das Wesentliche wieder findet und die Kräfte im eigenen Inneren entdeckt.

Das Lebkuchenhaus, Traum aller Süchtigen

»Wir werden den Weg schon finden«, sagt Hänsel zu seinem Schwesterchen. Das ist das Leitmotiv des ganzen Märchens. Kinder, junge Paare, aber auch Menschen im besten Lebensalter machen sich auf einen Weg ins Unbekannte, schüchtern und tapfer, misstrauisch und neugierig, sie fühlen sich verloren und halten einander fest, sie haben schreckliche Angst und schaffen es trotzdem, der Zukunft zu vertrauen. Sie gehen Umwege und haben doch ein Ziel. Sie entdecken die Welt und das eigene Ich.

Das Mondlicht, das ihnen den Pfad erhellt, steht für dieses innere Licht – ähnlich wie die in der Dunkelheit schwach leuchtenden weißen Kieselsteine. Ein Stein ist etwas Starkes, er symbolisiert übernatürliche Kräfte. Heimweh haben die Kinder: Hänsel sieht traurig nach seinem weißen Kätzchen, »das sitzt oben auf dem Dach und will mir Ade sagen«. Aber als die Kinder wider Erwarten heim gefunden haben und – die Mutter entfaltet eine schier kriminelle Energie – ein zweites Mal in den

Hungertod geschickt werden, schaut sich Hänsel erneut um, und diesmal sieht er sein Täubchen auf dem Dach sitzen, ein Hoffnungssymbol. Tauben finden mit traumhafter Sicherheit immer wieder nach Hause, die weitesten Entfernungen mit Leichtigkeit überwindend.

Zunächst erscheint Hänsel als der Klügere und Mutigere; er hat die Idee, helle Kieselsteine als Wegmarkierung auf den Boden fallen zu lassen, er lässt sich sein Gottvertrauen nicht austreiben (C. G. Jung hat gemeint, der Mensch trage von Geburt an die Gewissheit eines unendlich guten, zuverlässigen Schutzes in sich und projiziere dieses Urvertrauen lediglich auf Vater und Mutter), er beruhigt sein hilflos weinendes Schwesterchen. Er hinterfragt und entlarvt die Lügen der Erwachsenen, spielt scheinbar ihr Spiel mit, um sich einen schlauen Ausweg einfallen zu lassen. Ist Gretel, die verzagte, schnell in Tränen aufgelöste Unperson, nur eine Chiffre, eine Metapher für Hänsels »weibliche« Persönlichkeitsanteile?

Doch dann blamiert sich der selbstsichere Knabe gründlich, als er statt der Kieselsteine Brotkrumen auf den Weg streut – und nicht daran denkt, dass »viel tausend Vögel« über Nacht die willkommene Delikatesse wegpicken werden. Hätte er sich doch lieber auffallende Bäume oder Felsbrocken am Wegrand eingeprägt!

Hänsel ist nicht mehr souveräner Herr der Situation; er muss die Hilfe eines weißen Vögleins annehmen, das ihm den Weg zeigt. Weiß: die Farbe des Lichtes, der Reinheit, der Unschuld, das Symbol des Absoluten und des Geistes, bisweilen aber auch der Gespensterwelt. Der kleine weiße Vogel transportiert die Sehnsüchte der Kinder – und öffnet ihnen den Zugang zum Zauberreich, in dem Häuser aus Lebkuchen und süßen Schleckereien gebaut werden und alte Damen plötzlich Lust bekommen, hübsche Knäblein zu braten und zu essen.

Die tiefenpsychologische Schule sieht im verschwenderisch, aus Kuchen und Zuckerwerk errichteten Hexenhaus, von dessen Fassade die Geschwister sogleich große Stücke abbeißen, eine Chiffre für rein körperliche Bedürfnisbefriedigung und das unbeherrschte Stillen einer Sucht (obwohl man wohl schwerlich von Suchtverhalten sprechen kann, wenn sich ein ausgehungertes Menschenkind auf die erste anständige Mahlzeit stürzt). Doch wie bei jeder Sucht führt die »orale Gier«[31] in die Abhängigkeit. Die freundlich zum Festmahl einladende Alte – ein Bild für die herbeigesehnte gute, für Nahrung und Wohlergehen sorgende Mutter – verwandelt sich unversehens in die verschlingende, ihr eigen Fleisch und Blut verzehrende Mutterkannibalin.

Ist es das hemmungslose, unvernünftige Verhalten der Kinder, das die Katastrophe heraufbeschwört? Immerhin entgeht ihnen eine »feine« innere Stimme nicht, die fragt, ob sie das überhaupt dürfen, an fremdem Eigentum herumzuknabbern – und die durch eine ebenso spontane wie originelle Lüge zum Schweigen gebracht wird: Ach, es wird nur der Wind sein!

Oder ist es eine plötzlich aus der Mutter herausbrechende maßlos verwöhnende, vereinnahmende, durch unkritische Erfüllung aller Wünsche abhängig machende Liebe? Also doch die Geschichte einer dringend nötigen gegenseitigen Ablösung? Märchenabläufe sind nicht immer stringent und logisch – auch darin ganz nah am wirklichen Leben.

Jedenfalls liegt im Sturz in den Abgrund der Hexenwelt auch eine Chance, neue Wege zu gehen, eine Ermutigung, sich etwas zuzutrauen: Mit der schlagfertigen Ausrede, »der Wind, der Wind, das himmlische Kind« rüttle am Lebkuchenhäuschen, haben die Kinder schon mal listige Intelligenz und eigenständige Aktivität bewiesen.

Vielleicht ahnen sie auch bereits, dass die Hexe auch nur eine arme Kreatur ist, gehbehindert, mit dem Kopf wackelnd (deutet das auf eine Schüttellähmung?) und schlecht sehend aus ihren blutunterlaufenen Augen. Mit ihren Hexenkünsten kann es auch nicht weit her sein, sonst hätte sie sich doch längst in einen betörend schönen, kraftgestählten jungen Frauenkörper hineingezaubert!

Wer ist die Hexe?

Wer ist diese Märchenhexe überhaupt? Eine unvollkommene Nachfahrin der Großen Göttin, vertraut mit den Geheimnissen der Natur und des Lebens? Eine vampirhafte Blutsaugerin und Todesbotin? Eine einsame Egozentrikerin, die nicht lieben kann und auf fremde Lebenskraft angewiesen ist? Oder die andere, furchtbare, unmenschliche Seite der ambivalenten Muttergestalt mit ihren Todeswünschen und Vernichtungsenergien? Oder gar – noch um ein paar Ecken mehr gedacht – die Personifikation der in den Kindern schlummernden destruktiven Wünsche: essen, was das Zeug hält, ohne Nachdenken die eigenen Bedürfnisse befriedigen, mit dem Risiko, selbst verschlungen zu werden?

Aber so dumm sind die Geschwister beileibe nicht – zumindest Gretel, die mit der im Märchen üblichen rapiden Geschwindigkeit zu einer klugen, verantwortungsbewussten, engagierten Person herangereift ist und ihrem Brüderchen die Schau stiehlt. So schlau sein Einfall gewesen sein mag, der kurzsichtigen Hexe, die prüfen will, ob ihre Mastkur endlich anschlägt, ein Knöchelchen von irgend einem Geflügel entgegenzustrecken (natürlich ein Phallus-Symbol, meinen die notorischen Psychologisierer, als ob die steinalte Hexe an der Erektion eines Knäbleins interessiert sein könnte; aber wenn man nur will, kann man auch in Hänsels und Gretels ungestümer Lust auf Schleckereien den verdrängten Sexualtrieb am Werk sehen).

Nein, Gretel ist es, die ihre Peinigerin am Ende mit List und Tücke in den vorgeheizten Backofen lockt und dafür sorgt, dass die böse Alte elendig verbrennt – oder das böse Mutter-Ich sich zum Guten wandelt, oder die Abnabelung von der verwöhnend-verschlingenden Mama endgültig gelingt, oder wie immer man den Flammentod der Hexe interpretieren mag. Das ist von vornherein ein gewagtes Unternehmen, denn im Verfolgungswahn der frühen Neuzeit sind »Hexen« zu Tausenden auf dem Scheiterhaufen verbrannt worden – rotäugige alte und junge bildhübsche.

Kinder, schaut das Wunder an,
wie die Hexe hexen kann!
Wie sie hart,
knusperhart,
selber nun zum Kuchen ward!
Merkt des Himmels Strafgericht:
Böse Werke dauern nicht!

Engelbert Humperdinck

Humperdincks Märchenoper *Hänsel und Gretel* war eigentlich als Singspiel im häuslichen Rahmen gedacht. Als er ein abendfüllendes Bühnenstück daraus machte und 1893 in Weimar Richard Strauß die Uraufführung dirigierte, landete Humperdinck einen Bombenerfolg, der bis heute anhält. 2004 wagte sich das Erfurter Theater an eine Aktualisierung und erzählte die Oper als eine Geschichte über Kindesmissbrauch.

Der Komponist und Musikprofessor Engelbert Humperdinck (1854 – 1921) lehrte in Bayreuth, Frankfurt am Main, Berlin und Barcelona. Die Mutter in seiner Oper ist eine von Sorgen erdrückte Frau mit rauer Schale und gutem Herzen. Ansonsten hat er die Vorlage der Brüder Grimm stark verändert und mit Sandmännchen, Taumännchen und Lebkuchenkindern bühnengerecht gestaltet; die Hexe will Hänsel nicht schlachten, sondern beide Geschwister zu Lebkuchen backen.

Feuer steht in der archaischen Welt der Symbole freilich immer für Reinigung, Verwandlung, Neugeburt. Die Vernichtung einer bösen Macht provoziert stets die Frage, ob es auch anders, gewaltfrei, auf dem Weg friedlicher Konfliktlösung gegangen wäre. Aber vielleicht muss man gar nicht lange darüber nachdenken, ob der Tod der Hexe verdiente Strafe war oder heimtückischer Mord. Vielleicht verbrennt im Backofen – wo das zu Mehl gemahlene Samenkorn zum Brot wird, wo sich der Samen zu neuem Leben verwandelt wie im Körper einer schwangeren Frau – Hänsels und Gretels alte, von Angst und Abhängigkeit bestimmte Existenz?

Was, wenn im Ofen lediglich die Gespensterfurcht der Kinder zu Asche verglimmt? Wenn im Märchen feuerspeiende Drachen oder mordlüsterne Riesen getötet werden, bedeutet das in der Regel lediglich, dass ein Schreckbild stirbt, eine Einbildung aufgegeben wird, die Angst dem Mut weicht.

»Solange Kinder an Hexen glauben – wie sie es immer getan haben und immer tun werden, bis sie so alt geworden sind, dass sie sich nicht mehr gezwungen sehen, ihren gestaltlosen Ängsten eine menschenähnliche Gestalt zu geben –, sollte man ihnen Geschichten erzählen, in denen gescheite Kinder es fertig bringen, sich von solchen Verfolger-Figuren ihrer Fantasie zu befreien. Wenn ihnen das gelingt, haben sie davon – genau wie Hänsel und Gretel – einen ungeheuren Gewinn.«[32]

Bruno Bettelheim

Und noch einmal müssen sich die Kinder auf einen Weg begeben: nach Hause zu Vater und Mutter, zurück in die Normalwelt. Ein »großes Wasser« hält sie auf, Symbol für die Grenze zwischen Diesseits und Jenseits – und wieder ein Bild für werdendes, verwandeltes Leben. Denn alles Leben kommt aus dem Wasser. Die hilfreiche weiße Ente erinnert sofort an das weiße Vöglein, das die Kinder schon einmal sicher geleitet hat, und stellt gleichzeitig eine Fortentwicklung dar: Die Geschwister sind jetzt selbstständig und reif genug, die Grenze zu überwinden, die Untiefen des Gewässers zu überqueren. Einzeln lassen sie sich hinübertragen, nacheinander; die erwachsen gewordene Gretel muss sich nicht mehr an den Bruder klammern.

Ob die »Perlen und Edelsteine«, die sie den Eltern mitbringen, wörtlich zu verstehen sind? Der Schatz im Holzhackerhaus, das sind möglicherweise die Kinder selbst, die überlebt haben, das ist ihre neu erworbene Fähigkeit, verständig und verantwortungsbewusst zum Fortkommen der armen Familie beizutragen.

Einem reichen Manne, dem wurde seine Frau krank, und als sie fühlte, daß ihr Ende herankam, rief sie ihr einziges Töchterlein zu sich ans Bett und sprach: »Liebes Kind, bleib fromm und gut, so wird dir der liebe Gott immer beistehen, und ich will vom Himmel auf dich herabblicken und will um dich sein.« Darauf tat sie die Augen zu und verschied. Das Mädchen ging jeden Tag hinaus zu dem Grabe der Mutter und weinte und blieb fromm und gut. Als der Winter kam, deckte der Schnee ein weißes Tüchlein auf das Grab, und als die Sonne im Frühjahr es wieder herabgezogen hatte, nahm sich der Mann eine andere Frau.

Die Frau hatte zwei Töchter mit ins Haus gebracht, die schön und weiß von Angesicht waren, aber garstig und schwarz von Herzen. Da ging eine schlimme Zeit für das arme Stiefkind an. »Soll die dumme Gans bei uns in der Stube sitzen!« sprachen sie. »Wer Brot essen will, muß es verdienen: hinaus mit der Küchenmagd.« Sie nahmen ihm seine schönen Kleider weg, zogen ihm einen grauen alten Kittel an und gaben ihm hölzerne Schuhe. »Seht einmal die stolze Prinzessin, wie sie geputzt ist!«

riefen sie, lachten und führten es in die Küche. Da mußte es von Morgen bis Abend schwere Arbeit tun, früh vor Tag aufstehn, Wasser tragen, Feuer anmachen, kochen und waschen. Obendrein taten ihm die Schwestern alles ersinnliche Herzeleid an, verspotteten es und schütteten ihm die Erbsen und Linsen in die Asche, so daß es sitzen und sie wieder auslesen mußte. Abends, wenn es sich müde gearbeitet hatte, kam es in kein Bett, sondern mußte sich neben den Herd in die Asche legen. Und weil es darum immer staubig und schmutzig aussah, nannten sie es *Aschenputtel.*

Es trug sich zu, daß der Vater einmal in die Messe ziehen wollte, da fragte er die beiden Stieftöchter, was er ihnen mitbringen sollte. »Schöne Kleider«, sagte die eine, »Perlen und Edelsteine«, die zweite. »Aber du, Aschenputtel«, sprach er, »was willst du haben?« »Vater, das erste Reis, das Euch auf Eurem Heimweg an den Hut stößt, das brecht für mich ab.« Er kaufte nun für die beiden Stiefschwestern schöne Kleider, Perlen und Edelsteine, und auf dem Rückweg, als er durch einen grünen Busch ritt, streifte ihn ein Haselreis und stieß ihm den Hut ab. Da brach er das Reis ab und nahm es mit. Als er nach Haus kam, gab er den Stieftöchtern, was sie sich gewünscht hatten, und dem Aschenputtel gab er das Reis von dem Haselbusch. Aschenputtel dankte ihm, ging zu seiner Mutter Grab und pflanzte das Reis darauf und weinte so sehr, daß die Tränen darauf niederfielen und es begossen. Es wuchs aber und ward ein schöner Baum. Aschenputtel ging alle Tage dreimal darunter, weinte und betete, und allemal kam ein weißes Vöglein auf den Baum, und wenn es einen Wunsch aussprach, so warf ihm das Vöglein herab, was es sich gewünscht hatte. Es begab sich aber, daß der König ein Fest anstellte, das drei Tage dauern sollte und wozu alle schönen Jungfrauen im Lande eingeladen wurden, damit sich sein Sohn eine Braut aussuchen möchte.

Die zwei Stiefschwestern, als sie hörten, daß sie auch dabei erscheinen sollten, waren guter Dinge, riefen Aschenputtel und sprachen: »Kämm uns die Haare, bürste uns die Schuhe und mache uns die Schnallen fest, wir gehen zur Hochzeit, auf des Königs Schloß.« Aschenputtel gehorchte, weinte aber, weil es auch gern zum Tanz mitgegangen wäre, und bat die Stiefmutter, sie möchte es ihm erlauben. »Du, Aschenputtel«, sprach sie, »bist voll Staub und Schmutz und willst zur Hochzeit? Du hast keine Kleider und Schuhe und willst tanzen!« Als es aber mit Bitten anhielt, sprach sie endlich: »Da habe ich dir eine Schüssel Linsen in die Asche geschüttet, wenn du die Linsen in zwei Stunden wieder ausgelesen hast, so sollst du mitgehen.« Das Mädchen ging durch die Hintertüre nach dem Garten und rief: »Ihr zahmen Täubchen, ihr Turteltäubchen, all ihr Vöglein unter dem Himmel, kommt und helft mir lesen, die guten ins Töpfchen, die schlechten ins Kröpfchen.«

Da kamen zum Küchenfenster zwei weiße Täubchen herein und danach die Turteltäubchen, und endlich schwirrten und schwärmten alle Vöglein unter dem Himmel herein und ließen sich um die Asche nieder. Und die Täubchen nickten mit den Köpfchen und fingen an pick, pick, pick, pick, und da fingen die übrigen auch an pick, pick, pick, pick, und lasen alle guten Körnlein in die Schüssel. Kaum war eine Stunde herum, so waren sie schon fertig und flogen alle wieder hinaus. Da brachte das Mädchen die Schüssel der Stiefmutter, freute sich und glaubte, es dürfte nun mit auf die Hochzeit gehen. Aber sie sprach: »Nein, Aschenputtel, du hast keine Kleider und kannst nicht tanzen: du wirst nur ausgelacht.« Als es nun weinte, sprach sie : »Wenn du mir zwei Schüsseln voll Linsen in einer Stunde aus der Asche rein lesen kannst, so sollst du mitgehen«, und dachte: »Das kann es ja nimmermehr.« Als sie die zwei Schüsseln Linsen in die Asche geschüttet hatte, ging das Mädchen durch die Hintertüre nach dem Garten und rief: »Ihr zahmen Täubchen, ihr Turteltäubchen, all ihr Vöglein unter dem Himmel, kommt und helft mir lesen, die guten ins Töpfchen, die schlechten ins Kröpfchen.«

Da kamen zum Küchenfenster zwei weiße Täubchen herein und danach die Turteltäubchen, und endlich schwirrten und schwärmten alle Vöglein unter dem Himmel herein und ließen sich um die Asche nieder. Und die Täubchen nickten mit ihren Köpfchen und fingen an pick, pick, pick, pick, und da fingen die übrigen auch an pick, pick, pick, pick, und lasen alle guten Körner in die Schüsseln. Und eh eine halbe Stunde herum war, waren sie schon fertig und flogen alle wieder hinaus. Da trug das Mädchen die Schüsseln zu der Stiefmutter, freute sich und glaubte, nun dürfte es mit auf die Hochzeit gehen. Aber sie sprach: »Es hilft dir alles nichts: du kommst nicht mit, denn du hast keine Kleider und kannst nicht tanzen; wir müßten uns deiner schämen.« Darauf kehrte sie ihm den Rücken zu und eilte mit ihren zwei stolzen Töchtern fort.

Als nun niemand mehr daheim war, ging Aschenputtel zu seiner Mutter Grab unter den Haselbaum und rief:

»Bäumchen, rüttel dich und schüttel dich,
wirf Gold und Silber über mich.«

Da warf ihm der Vogel ein golden und silbern Kleid herunter und mit Seide und Silber ausgestickte Pantoffeln. In aller Eile zog es das Kleid an und ging zur Hochzeit. Seine Schwestern aber und die Stiefmutter kannten es nicht und meinten, es müßte eine fremde Königstochter sein, so schön sah es in dem goldenen Kleide aus. An Aschenputtel dachten sie gar nicht und dachten, es säße daheim im Schmutz und suchte die Linsen aus der Asche. Der Königssohn kam ihm entgegen, nahm es bei der Hand und tanzte mit ihm. Er wollte auch mit sonst niemand tanzen, also daß er ihm die Hand nicht losließ, und wenn ein anderer kam, es aufzufordern, sprach er: »Das ist meine Tänzerin.«

Es tanzte, bis es Abend war, da wollte es nach Haus gehen. Der Königssohn aber sprach: »Ich gehe mit und begleite dich«, denn er wollte sehen, wem das schöne Mädchen angehörte. Sie entwischte ihm aber und sprang in das Taubenhaus. Nun wartete der Königssohn, bis der Vater kam, und sagte ihm, das fremde Mädchen wär' in das Taubenhaus gesprungen. Der Alte dachte: »Sollte es Aschenputtel sein«, und sie mußten ihm Axt und Hacken bringen, damit er das Taubenhaus entzweischlagen konnte; aber es war niemand darin. Und als sie ins Haus kamen, lag Aschenputtel in seinen schmutzigen Kleidern in der Asche, und ein trübes Öllämpchen brannte im Schornstein; denn Aschenputtel war geschwind aus dem Taubenhaus hinten herabgesprungen und war zu dem Haselbäumchen gelaufen: da hatte es die schönen Kleider abgezogen und aufs Grab gelegt, und der Vogel hatte sie wieder weggenommen, und dann hatte es sich in seinem grauen Kittelchen in die Küche zur Asche gesetzt.

Am andern Tag, als das Fest von neuem anhub und die Eltern und Stiefschwestern wieder fort waren, ging Aschenputtel zu dem Haselbaum und sprach:

»Bäumchen, rüttel dich und schüttel dich,
wirf Gold und Silber über mich.«

Da warf der Vogel ein noch viel stolzeres Kleid herab als am vorigen Tag. Und als es mit diesem Kleide auf der Hochzeit erschien, erstaunte jedermann über seine Schönheit. Der Königssohn aber hatte gewartet, bis es kam, nahm es gleich bei der Hand und tanzte nur allein mit ihm. Wenn die andern kamen und es aufforderten, sprach er: »Das ist meine Tänzerin.« Als es nun Abend war, wollte es fort, und der Königssohn ging ihm nach und wollte sehen, in welches Haus es ging: aber es sprang ihm fort und in den Garten hinter dem Haus. Darin stand ein schöner großer Baum, an dem die herrlichsten Birnen hingen, es kletterte so behend wie ein Eichhörnchen zwischen die Äste, und der Königssohn wußte nicht, wo es hingekommen war. Er wartete aber, bis der Vater kam, und sprach zu ihm: »Das fremde Mädchen ist mir entwischt, und ich glaube, es ist auf den Birnbaum gesprungen.« Der Vater dachte: »Sollte es Aschenputtel sein«, ließ sich die Axt holen und hieb den Baum um, aber es war niemand darauf. Und als sie in die Küche kamen, lag Aschenputtel da in der Asche, wie sonst auch, denn es war auf der andern Seite vom Baum herabgesprungen, hatte dem Vogel auf dem Haselbäumchen die schönen Kleider wieder gebracht und sein graues Kittelchen angezogen.

Am dritten Tag, als die Eltern und Schwestern fort waren, ging Aschenputtel wieder zu seiner Mutter Grab und sprach zu dem Bäumchen:

»Bäumchen, rüttel dich und schüttel dich,
wirf Gold und Silber über mich.«

Nun warf ihm der Vogel ein Kleid herab, das war so prächtig und glänzend, wie es noch keins gehabt hatte, und die Pantoffeln waren ganz golden. Als es in dem Kleid zu der Hochzeit kam, wußten sie alle nicht, was sie vor Verwunderung sagen sollten. Der Königssohn tanzte ganz allein mit ihm, und wenn es einer aufforderte, sprach er: »Das ist meine Tänzerin.«

Als es nun Abend war, wollte Aschenputtel fort, und der Königssohn wollte es begleiten, aber es entsprang ihm so geschwind, daß er nicht folgen konnte. Der Königssohn hatte aber eine List gebraucht und hatte die ganze Treppe mit Pech bestreichen lassen: da war, als es hinabsprang, der linke Pantoffel des Mädchens hängengeblieben. Der Königssohn hob ihn auf, und er war klein und zierlich und ganz golden. Am nächsten Morgen ging er damit zu dem Mann und sagte zu ihm: »Keine andere soll meine Gemahlin werden als die, an deren Fuß dieser goldene Schuh paßt.« Da freuten sich die beiden Schwestern, denn sie hatten schöne Füße. Die Älteste ging mit dem Schuh in die Kammer und wollte ihn anprobieren, und die Mutter stand dabei. Aber sie konnte mit der großen Zehe nicht hineinkommen, und der Schuh war ihr zu klein, da reichte ihr die Mutter ein Messer und sprach: »Hau die Zehe ab: wann du Königin bist, so brauchst du nicht mehr zu Fuß zu gehen.« Das Mädchen hieb die Zehe ab, zwängte den Fuß in den Schuh, verbiß den Schmerz und ging heraus zum Königssohn. Da nahm er sie als seine Braut aufs Pferd und ritt mit ihr fort. Sie mußten aber an dem Grabe vorbei, da saßen die zwei Täubchen auf dem Haselbäumchen und riefen:

»Rucke di guck, rucke di guck,
Blut ist im Schuck (Schuh):
der Schuck ist zu klein,
die rechte Braut sitzt noch daheim.«

Da blickte er auf ihren Fuß und sah, wie das Blut herausquoll. Er wendete sein Pferd um, brachte die falsche Braut wieder nach Haus und sagte, das wäre nicht die rechte, die andere Schwester sollte den Schuh anziehen. Da ging diese in die Kammer und kam mit den Zehen glücklich in den Schuh, aber die Ferse war zu groß. Da reichte ihr die Mutter ein Messer und sprach: »Hau ein Stück von der Ferse ab: wann du Königin bist, brauchst du nicht mehr zu Fuß zu gehen.« Das Mädchen hieb ein Stück von der Ferse ab, zwängte den Fuß in den Schuh, verbiß den Schmerz und ging heraus zum Königssohn. Da nahm er sie als seine Braut aufs Pferd und ritt mit ihr fort. Als sie an dem Haselbäumchen vorbeikamen, saßen die zwei Täubchen darauf und riefen:

»Rucke di guck, rucke di guck,
Blut ist im Schuck:

der Schuck ist zu klein,
die rechte Braut sitzt noch daheim.«

Er blickte nieder auf ihren Fuß und sah, wie das Blut aus dem Schuh quoll und an den weißen Strümpfen ganz rot heraufgestiegen war. Da wendete er sein Pferd und brachte die falsche Braut wieder nach Haus. »Das ist auch nicht die rechte«, sprach er, »habt Ihr keine andere Tochter?« »Nein«, sagte der Mann, »nur von meiner verstorbenen Frau ist noch ein kleines verbuttetes Aschenputtel da, das kann unmöglich die Braut sein.« Der Königssohn sprach, er sollte es heraufschicken, die Mutter aber antwortete: »Ach nein, das ist viel zu schmutzig, das darf sich nicht sehen lassen.« Er wollte es aber durchaus haben, und Aschenputtel mußte gerufen werden. Da wusch es sich erst Hände und Angesicht rein, ging dann hin und neigte sich vor dem Königssohn, der ihm den goldenen Schuh reichte. Dann setzte es sich auf einen Schemel, zog den Fuß aus dem schweren Holzschuh und steckte ihn in den Pantoffel, der war wie angegossen. Und als es sich in die Höhe richtete und der König ihm ins Gesicht sah, so erkannte er das schöne Mädchen, das mit ihm getanzt hatte, und rief: »Das ist die rechte Braut!« Die Stiefmutter und die beiden Schwestern erschraken und wurden bleich vor Ärger: er aber nahm Aschenputtel aufs Pferd und ritt mit ihm fort. Als sie an dem Haselbäumchen vorbeikamen, riefen die zwei weißen Täubchen:

»Rucke di guck, rucke di guck,
kein Blut im Schuck:
der Schuck ist nicht zu klein,
die rechte Braut, die führt er heim.«

Und als sie das gerufen hatten, kamen sie beide herabgeflogen und setzten sich dem Aschenputtel auf die Schultern, eine rechts, die andere links, und blieben da sitzen.

Als die Hochzeit mit dem Königssohn sollte gehalten werden, kamen die falschen Schwestern, wollten sich einschmeicheln und teil an seinem Glück nehmen. Als die Brautleute nun zur Kirche gingen, war die Älteste zur rechten, die Jüngste zur linken Seite. Da pickten die Tauben einer jeden das eine Auge aus. Hernach, als sie herausgingen, war die Älteste zur linken und die Jüngste zur rechten. Da pickten die Tauben einer jeden das andere Auge aus. Und waren sie also für ihre Bosheit und Falschheit mit Blindheit auf ihr Lebtag gestraft.

Träumen lehrt Kämpfen

Aschenputtel oder:
Der Glaube an die eigene Würde

Auf den ersten Blick liest sich das Märchen wie eine altmodische Streitschrift wider die weibliche Emanzipation: Benimm dich wie ein fleißiges Aschenputtel. Tu brav, was man von dir verlangt. Warte auf den schönen Prinzen, dann wird am Ende alles von selber gut.

Die amerikanische Psychologin Colette Dowling schildert die modernen Schwestern von Aschenputtel – im angelsächsischen Sprachraum Cinderella – in ihrem Buch *Der Cinderella-Komplex:* Voller Selbsthass beten sie die Überlegenheit der Männer an. Beruflicher Erfolg oder gesellschaftliches Engagement machen ihnen Angst; lieber fliehen sie in die erst beste Ehe und machen sich unauffällig in Küche und Kinderzimmer nützlich.

Auch eine Pubertätsgeschichte hat man in dem Märchen gesehen: Allein gelassen von der Mutter, eifersüchtig bedrängt von den Geschwistern, ohne Hilfe vom gleichgültigen Vater, flieht das nach Identität suchende junge Mädchen in den Traum vom rettenden Prinzen – und findet hier zumindest ein wenig Kraft, die schlimmen Reifungsjahre zu überstehen. Oder ist es die klassische Geschichte des unerwünschten, ungeliebten Kindes, das sich als nutzlose Last innerhalb einer gefühlskalten Familie fühlt und verzweifelt versucht, ein Stück Selbstachtung zu behalten?

Offenbar ist *Aschenputtel* eben doch eine Emanzipationsgeschichte, eine Parabel vom Erwachsenwerden. Wer genau liest, entdeckt die Parallelen zwischen den Hauptfiguren: Beide, Aschenputtel und der Prinz, sind in ihren Rollen gefangen. Beide müssen sich befreien und zu ichstarken, selbst über ihr Leben entscheidenden Persönlichkeiten reifen.

> **Aschenputtel** oder auch *Aschenbrödel* meint ein Mädchen, das in der Herdasche herumwühlt (putteln hessisch = Staub schütteln), also die schmutzigste Küchenarbeit tut. Vielleicht kommt der Name auch aus dem Griechischen (*achylia* = Asche, *pouttos* = weibliche Scham), wo er heute noch »eine Frau, die in der Herdasche sitzt« bedeutet.
> **Herkunft:** Das Motiv taucht schon im alten Ägypten, Rom und China und bei den Ureinwohnern Nordamerikas auf. Seit dem 16. Jahrhundert ist ein Vorgängermärchen *Das Erdkühlein* schriftlich überliefert.
> **Verbreitung:** Weltweit rund 400 Varianten. In England heißt die Märchenheldin *Cinderella*, in Frankreich *Cendrillon*, in Italien *La Cenerentola*, in Russland *Soluschka*. Die bekanntesten schriftlichen Fassungen: *Cendrillon ou La petite pantoufle de verre* (Charles Perrault, 1697), *Aschenputtel* in der Sammlung *Kinder- und Haus-Märchen* der Brüder Grimm (1812). Opern von Rossini und Jules Massenet, Ballettfassungen von Johann Strauß und Prokofjew. Perraults Variante, in der statt der Mutter eine Tante als gute Fee auftritt und einen Kürbis in eine Kutsche, Mäuse in Pferde verwandelt, stand für Walt Disneys Zeichentrickfilm *Cinderella* Pate (1950).

Zuerst traut sich das Aschenputtel nichts zu, findet es ganz in Ordnung, dass es in die Küche verbannt ist und die niedrigsten Dienste leisten muss. Aber dann entwickelt es sich zu einer selbstbewussten Frau mit magnetischer Ausstrahlung. Aschenputtels Erfolgsrezept ist das Träumen, richtig. Mitten im Elend bewahrt es sich den Traum und damit das Bewusstsein der eigenen Würde – und die Energie, trotz allem zu hoffen. Es ist ein Traum, der sich nicht in der Vertröstung verliert, nicht beschwichtigend die Verwundungen und Ungerechtigkeiten des Lebens verkleistert, sondern das Kämpfen lehrt. Das Leid, das Aschenputtel erfährt, wird nicht masochistisch verklärt, sondern zu einer stark und menschlich machenden Erfahrung verwandelt.

Doch auch der Königssohn muss reifen: Er, dem zunächst alles zufliegt, muss lernen, sich selbst etwas einfallen zu lassen, mit List und Hartnäckigkeit zu handeln. Er beginnt zu fragen, wer er eigentlich sein will und wie die Frau aussehen soll, mit der er sein Leben teilen möchte. Seine Eltern haben ihrem verwöhnten Söhnchen eine Party mit lauter aufgestylten Schönheiten ausgerichtet – doch der Prinz begreift plötzlich, dass das nicht der rechte Ort ist, um Lebensentscheidungen zu treffen. Der Königssohn lernt königlich zu handeln.

Eine ganz normal neurotische Familie

Was passiert in der Geschichte? Für ein junges Mädchen endet die Kindheitsidylle, als die geliebte Mutter stirbt und der Vater – wohl ein reicher Kaufmann – zum zweiten Mal heiratet. Stiefmutter und Stiefschwestern schikanieren das Mädchen und machen es zur Dienstmagd. »Aschenputtels« einziger Zufluchtsort ist das Grab der Mutter, wo sich bald wundersame Dinge zutragen.

Als der König des Landes ein großes Fest ausrichtet, damit sein Sohn unter all den schönen Jungfrauen Brautschau halten kann, lassen die Stiefmutter und die missgünstigen Schwestern das Mädchen nicht mitgehen. Stattdessen muss es in der Küche sinnlose Aufgaben erledigen. Doch hilfreiche Vöglein sorgen dafür, dass die Arbeit in Rekordzeit erledigt wird. Vom Baum auf dem Grab der Mutter fallen ihm prächtige Kleider und Schuhe in den Schoß, so dass es doch noch zum Ball eilen kann.

Natürlich verliebt sich der Königssohn in seine wunderschön ausstaffierte Tänzerin. Bevor er ihr Geheimnis lüften kann, ist sie verschwunden. Am dritten Abend verliert sie auf der Flucht einen ihrer Pantoffel. Die Suche nach dem Fuß, auf den der Schuh passt, führt zu Aschenputtel, der »rechten Braut«. Mit der grausamen Bestrafung der heimtückischen Stiefschwestern endet das Märchen.

Das Personal der Geschichte gibt von Anfang an Rätsel auf. Es wird nicht klar, warum Stiefmutter und Stiefschwestern derart gemein mit Aschenputtel umspringen. Sind sie einfach durch und durch böse? Oder bildet das Märchen nur die jedem Psychologen bekannte Tatsache ab, dass die Belastungen der Geschwisterrivalität von Kindern oft viel massiver wahrgenommen werden, als sie in Wirklichkeit sind, dass sie sich in einem Gefühl der eigenen Wertlosigkeit äußern können und in einer schrecklichen Angst, aus der Familie verstoßen zu werden?

Und welche Rolle spielt der Vater, dem anscheinend jede Empfindung abgeht, der weder um seine erste Frau trauert noch die Ängste seiner Tochter spürt? Ein Mensch mit dem Gemüt eines Holzhammers, dem später bei der Suche nach der schönen Tänzerin nichts Besseres einfällt, als sein Taubenhaus – in dem man die Entsprungene vermutet – mit »Axt und Hacken« zu zertrümmern. Könnte hinter seiner raschen zweiten Heirat nicht auch Verantwortungsbewusstsein stecken, der Entschluss, dem Töchterchen eine neue Mutter zu verschaffen, wenn er schon selbst nicht mit ihren Gefühlen umgehen kann? Gibt es nicht unzählige solcher Väter, deren Familiensinn sich aufs Geldverdienen beschränkt?

So simpel sind Bosheit und Unschuld offenbar nicht verteilt in dieser ganz normal neurotischen Familie. Vielleicht geht die eigentliche Provokation sogar vom armen Aschenputtel aus, das die tote Mutter idealisiert, die Stiefmama und die neuen Geschwister panisch ablehnt und sich selbst in die Rolle der Putzmagd flüchtet, um die anderen ins Unrecht zu setzen? Jeder kennt diese selbstverliebten Opferseelen, die alle Welt mit ihrer anklagend zur Schau getragenen Demut nerven.

> »Man spürt den verhaltenen Trotz, der in der Gebärde des Schmerzes das Erscheinungsbild der verstorbenen Mutter fortsetzen möchte, und man wird sehr bald geneigt sein, mit gleicher Münze darauf zu antworten: Wenn ›Aschenputtel‹ schon nicht glücklich sein will, im Wahn, durch seine widerspenstige Leidensmiene ein besserer Mensch als alle anderen zu sein, so soll es halt lernen, sich in seinem Unglück nach Herzenslust zu wälzen und seine Weigerung zum Leben damit zu bezahlen, dass es nur ständig die Hinterlassenschaft des Todes, die Asche verbrannten Kohlenstoffs, im Gesicht trägt.«[33]
>
> Eugen Drewermann

Der Rückzug in Küchenschmutz und Herdasche, die Flucht zum Muttergrab, die Konzentration auf die eigene Innenwelt – ob solche lebensfeindlichen Züge nun aus Trotz oder Verzweiflung herrühren, es kommt zu einer verblüffenden Wende: Gerade die innige Beziehung zur toten Mutter gibt Aschenputtel die Kraft, sich dem Leben zu stellen. Aus dem Haselnusszweig, den es auf das Grab gepflanzt hat – die Haselnuss: uraltes Symbol für Zeugungskraft und geheime Weisheit –, wächst ein Baum, und auf dem wohnt ein weißes Vöglein, das ihm Wünsche erfüllt.

Das Muttergrab als Kraftquelle

Das Grab, aus dem neues Leben sprießt, steht für Aschenputtels inneres Wachstum, das Vöglein darf man als Personifizierung der toten Mutter sehen, die ihrem Kind Geborgenheit, Hoffnung, ein Grundvertrauen in das Leben vermittelt. Menschen, die häufig das Grab eines lieben Verstorbenen besuchen, scheinen sich in ihrem Leid zu »vergraben«, die Einsamkeit zu kultivieren, den eigenen Tod herbeizusehnen. In Wirklichkeit leisten sie heilende Trauerarbeit. Sie verwandeln ihren Verlust in einen inneren Besitz, die Verbitterung in Energie, die Liebe, die man ihnen grausam entrissen hat, in einen Schatz, der aus ihnen leuchten wird. Wer mit dem Tod umzugehen lernt, vermag kraftvoll und gelassen zu leben.

Tiefenpsychologen haben in dem Märchen starke Anklänge an die Frühzeit des Menschen gefunden. In *Aschenputtel* findet sich der Mythos von der großen Muttergottheit, die noch intakte Beziehung zur Mutter Natur, das weiche, bergende mütterliche Prinzip, symbolisiert in den Tauben, den Himmelsboten, die Aschenputtel zu Hilfe kommen. Ob hier alle Frauen gemeint sind, die nach der Entmachtung der Göttin schutzlos unter der Knute des Patriarchats leiden, ob im Hintergrund gar die im matriarchalen Recht übliche Vererbung von Grund und Boden an die älteste Tochter steht und der daraus folgende Geschwisterneid – wie feministische Interpretinnen glauben –, sei dahingestellt. Vergessene Weisheit findet sich in allen klassischen Märchen.

Und dass der Planet Erde todkrank ist und sterben wird, wenn die Menschen die verlorene Beziehung zur Natur nicht wieder finden, daran zweifelt niemand mehr. Das zärtlich gepflegte Bäumchen auf dem Muttergrab ist das Kontrastbild zur gedankenlos geschwungenen Axt des Vaters: kaputt schlagen, zerstören, ausbeuten.

Aschenputtels Geduld und Hartnäckigkeit aber tragen Früchte: Als der König zum Fest einlädt und das in seinen Küchenwinkel verbannte Mädchen zum ersten Mal aufmuckt, wird ihm am Grab der Mutter wunderbare Hilfe zuteil. Vergeblich ersinnt die Stiefmama listige Verhinderungsstrategien. »Du hast keine Kleider und Schuhe und willst tanzen!« höhnt sie und schüttet Linsen in die Herdasche – Samenkörner, die seit alter Zeit als Fruchtbarkeitssymbol gelten. Die tote Asche mit den fruchtbringenden Keimen vermischt, das entlarvt die Stiefmutter als Feindin des Lebens und kommt einem Todeswunsch gleich.

Das Schmuddelkind wird aktiv

Doch mit Hilfe der Täubchen – Chiffren für Zärtlichkeit und Liebe, für die Kraft des Weiblichen und den offenen Himmel – gelingt es dem Mädchen, die Linsen aus der Asche zu lesen, das Leben und eine fruchtbare Zukunft aus der Todeszone zu retten. »Die guten ins Töpfchen«: Aschenputtel entdeckt die Kräfte und Möglichkeiten, die es seinen leidvollen Erfahrungen verdankt, und beschließt sie zu nutzen. Es wird sich seiner Lebensenergie bewusst, sinnt auf Befreiung aus der schmutzigen Randexistenz, beginnt aktiv für seine Interessen zu kämpfen – zunächst zaghaft und unsicher, wie sollte es auch anders sein. Erst als alle aus dem Haus sind, wagt es sich zum Grab der Mutter. Aber nicht, um sich auszuheulen. Es hat schon einen Plan, wie es doch noch zum Ball im Königsschloss gelangen kann, und es fordert die nötige Ausrüstung: »Bäumchen, rüttel dich und schüttel dich, wirf Gold und Silber über mich!«

Die Mutter freut sich über so viel Selbstbewusstsein und liefert in Gestalt des Vogels unverzüglich das Gewünschte. Die Kleider strahlen wie Sonne, Mond und Sterne – Sinnbild für das Weibliche in seiner vollkommenen Gestalt. Aschenputtel ist aus der Hülle des verschüchterten Kindes geschlüpft und zur Frau geworden, die um ihre Schönheit und Kraft weiß und sich zutraut, einen Prinzen zu erobern.

Der sich, wie erwartet, auf den ersten Blick in diese Erscheinung voll Anmut und Glamour verliebt. Ein schnelles Happy end gibt es allerdings nicht in der Märchenwelt. Eben erst hat Aschenputtel beim leichtfüßigen Dahingleiten über die Tanzfläche Einsamkeit und Minderwertigkeitsgefühl hinter sich gelassen, da bekommt es auch schon Angst vor der eigenen Courage: Was will eine Küchenmagd unter all diesen eleganten Leuten? Was, wenn der Königssohn heraus bekommt, unter welch armseligen Umständen seine Auserwählte lebt? Ein klassischer Identitätskonflikt: Wer bin ich, Aschenputtel oder Prinzessin? Wird er mich lieben können, so wie ich bin?

»Es lebte einst ein schönes Mädel,
Cinderella war ihr Nam',
und es wartete vergebens
auf den Prinz, der niemals kam.

Sie schlief im Kohlenkeller,
trotzdem war sie bettelarm,
weil sie von der vielen Kohle,
die da lag, zu wenig nahm.

Aschenbrödel, sei kein Blödel,
vertrödel keine Zeit!

Eines Abends so um sieben
schlich sie heimlich sich hinfort,
um ein Tänzchen kurz zu schieben
im Nachbarort.

(...) An der Bar steht Prinz von Ölen,
er ist wieder grausam zu,
und alsbald hört man ihn grölen:
›Schönes Kind, wer bist denn du?‹

›Bin ein armes Findelkindel,
habe keine Schuh!‹

›Was bist du? Ein Findelkindel,
bargeldlos und ohne Schuh?‹
rief der Prinz, ›das klingt nach G'sindel!
Freunde, was sagt ihr dazu?

Armes Kind, hier hast du was,
kauf dir zwei neue Adidas!‹

(...) Aschenbrödel, sei kein Blödel,
zock ihn ab, den dumpfen Dödel!«

die österreichische Band
»Erste Allgemeine Verunsicherung«

Der Königssohn muss einen ähnlichen Lernprozess absolvieren. Als ihm seine schöne Tänzerin entwischt, gibt sie ihm ein Rätsel auf, inszeniert eine Probe, die er bestehen muss, um sich ihrer würdig zu erweisen. Dabei hilft ihm seine Königsmacht gar nichts. Erfindungsreichtum, List und Scharfsinn sind gefragt – und die Ausdauer, die nur ein Verliebter hat. Und tatsächlich, der verknallte Prinz hat eine hervorragende Idee: Er lässt die Treppe zum Ballsaal mit Pech bestreichen. Aschenputtels Pantoffel bleibt daran kleben. In einer komplizierten Suchaktion stellt sich heraus, dass es die einzige ist, dessen zierlicher Fuß in den Schuh passt.

»Und als es sich in die Höhe richtete und der Königssohn ihm ins Gesicht sah, so erkannte er das schöne Mädchen, das mit ihm getanzt hatte, und rief: ›Das ist die rechte Braut!‹«

Die entscheidende Märchenpassage steckt voller Symbole. Das Taubenhaus, in dem sie Aschenputtel vergeblich suchen: Über die Phase unwissender, träumerischer Unschuld ist es längst hinaus, und dem sensiblen Bereich weiblicher Intuition und zärtlicher Gefühle kann man mit der Axt rücksichtsloser Eroberungslust nicht beikommen. Der Birnbaum, den Aschenputtel auf der Flucht erklettert: Seine Sehnsucht, sich aus der Realität hinaus in den Schutz der Mutter zurück zu träumen, droht es um den Erfolg zu bringen.

Aber auch der Königssohn ist auf dem Holzweg, wenn er Aschenputtel nur als zärtliche Gespielin sieht (bei den Tauben) oder als künftige Mutter seiner Kinder (im fruchtbaren Birnbaum). Er muss ihre ganze Person in den Blick bekommen. Der Weg dazu führt über das hilfreiche Pech: Im Schmutz leuchtet am Ende Aschenputtels wahres Wesen auf. Das Unscheinbare, Einfache erweist sich als groß und strahlend. Intuitiv handelt der Prinz wie die Alchimisten alter Zeiten, die aus schlechten Metallen Gold zu machen versuchten – in der richtigen Erkenntnis, dass sich in einer armseligen Hülle ein Schatz verstecken kann. Was auch für Menschen gilt, und das muss Aschenputtel selbst noch begreifen: Ich bin bereits eine schöne, erwachsene Frau, liebens- und begehrenswert, auch in der Asche, auch ohne goldene Kleider.

Denn der Schuh der Ballprinzessin passt der verachteten Küchenmagd. Dass der Schuh ein uraltes Sexualsymbol ist (ein Gehäuse zum Hineinschlüpfen) und ein kleiner, zierlicher Fuß dem orientalischen Schönheitsideal entspricht, können wir ebenso vernachlässigen wie die Anklänge an germanische Hochzeitsriten, bei denen der Bräutigam seiner Auserkorenen auch einen Schuh anpasste. Im Gegensatz dazu zieht sich Aschenputtel den perfekt sitzenden Pantoffel selbst an, es ergreift die Initiative. Und findet damit seine Identität, bekennt sich zu seiner Weiblichkeit, macht die Beziehung zum Tanzpartner und Prinzen öffentlich.

Nur logisch, dass der Schuh den missgünstigen Schwestern nicht passen will. Ihre Selbstverstümmelung – Indiz für eine aggressiv fordernde Sexualität, aber auch für die Aggression gegen das eigene Ich, für den Irrglauben, man könne sich Liebe mit Vorleistungen und Opfern verdienen – hilft ihnen überhaupt nichts. Sie sind nicht mit sich selbst im Reinen, ganz anders als Aschenputtel, das ruhig warten kann und der im Stillen erblühenden Liebe des Prinzen vertraut. Dürfen wir annehmen, dass der sich selbst ein Stück weit in Aschenputtel wieder findet? Mit seiner Hilflosigkeit den eigenen Gefühlen gegenüber und mit den Zweifeln, ob er als Person, als Mensch geliebt wird oder ob er nur wegen seiner Krone begehrenswert erscheint?

Zwei verrückte Gewinner

Es gibt eine prächtige Hochzeit. Auf den Schultern des zur Königin gewordenen Aschenputtels lassen sich die Tauben nieder, die Boten der toten Mutter (und Peiniger der heimtückischen Schwestern, denen sie die Augen aushacken, weil sie ohnehin nur Macht und falschen Glanz zu sehen vermögen und blind sind für die Liebe).

> »Keine Frau ist nur Aschenputtel, aber jede hat die Möglichkeit, das Aschenputtel in sich selbst zu finden und zu erleben, wie es sich entwickelt und schließlich seine schönen Kleider entfaltet. Kein Mann ist nur ein Königssohn, aber er kann sich zu dem Königssohn in sich selbst bekennen und ihm die Führung überlassen. Die Liebe hat die zauberische Macht, in der

Frau das Aschenputtel aus seiner Asche herauszulocken und den Königssohn zu wirklich königlichem Handeln reifen zu lassen.«[34]

Hildegunde Wöller

Wer keine Fantasie hat und nur die nackte Realität gelten lässt, kann in dem Märchen zunächst nur zwei Verrückte erkennen: eine verdreckte Küchenmagd, die Königin werden will, und einen Prinzen, der mit einem Pantoffel in der Hand landauf, landab seine Traumfrau sucht. Wer jedoch dem eigenen Weg zu vertrauen lernt und fähig zur Liebe wird, klebt nicht mehr an den so genannten Sachzwängen. Was nichts mit naiver Schwärmerei zu tun hat. Der produktive Träumer sieht die Realität sehr genau. Aber er weiß, wie er sie überlisten und verwandeln kann.

Aschenputtels Botschaft heißt: Wer zu träumen wagt, traut sich vielleicht am Ende auch zu kämpfen. Träumen lehrt Handeln. Wünsche haben Kraft, und die Hoffnung kann die lähmende Wirklichkeit besiegen.

Vom »amerikanischen Traum« – wer nur zielstrebig und hart genug auftritt, bringt es vom Schuhputzer zum Millionär – ist das Märchen meilenweit entfernt, das stellt Eugen Drewermann in seiner tiefenpsychologischen »Aschenputtel«-Interpretation klar: Glück werde hier nicht »gemacht« oder verdient, sondern geschenkt. Statt selbstverliebt auf die eigene Unwiderstehlichkeit zu vertrauen, warte Aschenputtel mutig und voller Hoffnung auf die »hellsichtige Liebe und Zuneigung eines anderen, der imstande ist, den Wert der eigenen Person wirklich zu begreifen«[35]. Das Wunder einer Verwandlung, »die sichtbar werden lässt, was im Grunde immer schon war und nur unter der ›Asche‹ verborgen lag«[36], reiche an eine religiöse Erfahrung heran.

Es war einmal ein Müller, der war arm, aber er hatte eine schöne Tochter. Nun traf es sich, daß er mit dem König zu sprechen kam, und zu ihm sagte: »Ich habe eine Tochter, die kann Stroh zu Gold spinnen.« Dem König, der das Gold lieb hatte, gefiel die Kunst gar wohl, und er befahl, die Müllerstochter sollte alsbald vor ihn gebracht werden. Dann führte er sie in eine Kammer, die ganz voll Stroh war, gab ihr Rad und Haspel, und sprach: »Wenn du diese Nacht durch bis morgen früh dieses Stroh nicht zu Gold versponnen hast, so mußt du sterben.« Darauf ward die Kammer verschlossen, und sie blieb allein darin.

Da saß nun die arme Müllerstochter und wußte um ihr Leben keinen Rat, denn sie verstand gar nichts davon, wie das Stroh zu Gold zu spinnen war, und ihre Angst ward immer größer, daß sie endlich zu weinen anfing. Da ging auf einmal die Türe auf, und trat ein kleines Männchen herein und sprach: »Guten Abend, Jungfer Müllerin, warum weint sie so sehr?« »Ach«, antwortete das Mädchen, »ich soll Stroh zu Gold spinnen, und verstehe das nicht.« Sprach das Männchen: »Was gibst du mir, wenn ich dirs spinne?« »Mein Halsband«, sagte das Mädchen. Das Männchen nahm das Halsband, setzte sich vor das Rädchen, und schnurr, schnurr, schnurr, dreimal gezogen, war die Spule voll. Dann steckte es eine andere auf, und schnurr, schnurr, schnurr, dreimal gezogen, war auch die zweite voll: und so gings fort bis zum Morgen, da war alles Stroh versponnen, und alle Spulen waren voll Gold. Als der König kam und nachsah, da erstaunte er und freute sich, aber sein Herz wurde nur noch begieriger, und er ließ die Müllerstochter in eine andere Kammer voll Stroh bringen, die noch viel größer war, und befahl ihr das auch in einer Nacht zu spinnen, wenn ihr das Leben lieb wäre. Das Mädchen wußte sich nicht zu helfen und weinte, da ging abermals die Türe auf, und das kleine Männchen kam und sprach: »Was gibst du mir, wenn ich dir das Stroh zu Gold spinne?« »Meinen Ring von dem Finger«, antwortete das Mädchen. Das Männchen nahm den Ring und fing wieder an zu schnurren mit dem Rade, und hatte bis zum Morgen alles Stroh zu glänzendem Gold gesponnen. Der König freute sich über die Maßen bei dem Anblick, war aber noch immer nicht Goldes satt, sondern ließ die Müllerstochter in eine noch größere Kammer voll Stroh bringen und sprach: »Die mußt du noch in dieser Nacht verspinnen; wenn dir das gelingt, sollst du meine Gemahlin werden. Denn«, dachte er, »eine reichere Frau kannst du auf der Welt nicht haben.« Als das Mädchen allein war, kam das Männlein zum drittenmal wieder, und sprach: »Was gibst du mir, wenn ich dir noch diesmal das Stroh spinne?« »Ich habe nichts mehr, das ich geben könnte«, antwortete das Mädchen. »So versprich mir, wenn du Königin wirst, dein erstes Kind.« »Wer weiß, wie das noch geht«, dachte die Müllerstochter, und wußte sich auch in der Not nicht anders zu helfen, und versprach dem Männchen, was es verlangte; dafür spann das Männchen noch einmal das Stroh zu

Gold. Und als am Morgen der König kam und alles fand, wie er gewünscht hatte, so hielt er Hochzeit mit ihr, und die schöne Müllerstochter ward eine Königin.

Über ein Jahr brachte sie ein schönes Kind zur Welt und dachte gar nicht mehr an das Männchen, da trat es in ihre Kammer und sprach: »Nun gib mir, was du versprochen hast.« Die Königin erschrak und bot dem Männchen alle Reichtümer des Königreichs an, wenn es ihr das Kind lassen wollte, aber das Männchen sprach: »Nein, etwas Lebendes ist mir lieber als alle Schätze der Welt.« Da fing die Königin so an zu jammern und zu weinen, daß das Männchen Mitleiden mit ihr hatte, und sprach: »Drei Tage will ich dir Zeit lassen, wenn du bis dahin meinen Namen weißt, so sollst du dein Kind behalten.«

Nun dachte die Königin die ganze Nacht über an alle Namen, die sie jemals gehört hatte, und schickte einen Boten über Land, der sollte sich erkundigen weit und breit nach neuen Namen. Als am andern Tag das Männchen kam, fing sie an mit Caspar, Melchior, Balzer, und sagte alle Namen, die sie wußte, nach der Reihe her, aber bei jedem sprach das Männlein: »So heiß ich nicht.« Den zweiten Tag ließ sie herumfragen bei allen Leuten, und sagte dem Männlein die ungewöhnlichsten und seltsamsten vor, Rippenbiest, Hammelswade, Schnürbein, aber es blieb dabei: »So heiß ich nicht.« Den dritten Tag kam der Bote wieder zurück, und erzählte: »Neue Namen habe ich keinen einzigen finden können, aber wie ich an einen hohen Berg um die Waldecke kam, wo Fuchs und Has sich gute Nacht sagen, so sah ich da ein kleines Haus, und vor dem Haus brannte ein Feuer, und um das Feuer sprang ein gar zu lächerliches Männchen, hüpfte auf einem Bein, und schrie:

»Heute back ich, morgen brau ich,
übermorgen hol ich der Königin ihr Kind;

ach, wie gut ist daß niemand weiß,
daß ich Rumpelstilzchen heiß!«

Da war die Königin ganz froh, daß sie den Namen wußte, und als bald hernach das Männlein kam und sprach: »Nun, Frau Königin, wie heiß ich?«, fragte sie erst, »Heißest du Kunz?« »Nein.« »Heißest du Heinz?« »Nein.« »Heißt du etwa Rumpelstilzchen?«

»Das hat dir der Teufel gesagt, das hat dir der Teufel gesagt«, schrie das Männlein, und stieß mit dem rechten Fuß vor Zorn so tief in die Erde, daß es bis an den Leib hineinfuhr, dann packte es in seiner Wut den linken Fuß mit beiden Händen, und riß sich selbst mitten entzwei.

Die Todesgötzen des Kapitalismus

Rumpelstilzchen oder:
Der Kampf gegen das »Zwergen-Ich«

Eigentlich ist es eine gar zu alberne Geschichte: Ein Müllermeister »kommt mit dem König zu sprechen« – wann ist das schon einmal geschehen, auch wenn das Königreich winzig klein war und der Monarch tatsächlich über den Marktplatz zu spazieren geruhte? – und prahlt damit, seine famose Tochter könne Stroh zu Gold spinnen. Und der Herr König tippt sich nicht etwa vielsagend an die Stirn, sondern glaubt dem Angeber und bestellt das Wunderkind auf sein Schloss.

Könige waren und sind nicht immer mit königlichen Geistesgaben gesegnet – aber mit so viel Dummheit lässt sich kaum ein Thron halten. Viele Herrscher des Mittelalters und der Renaissance pflegten das Hobby, Alchimisten zu besolden, die aus Erzschmelze und unedlen Metallen Gold zu gewinnen suchten. Aber aus Stroh? Stellt sich der törichte König denn nicht die Frage, warum der Meister Müller immer noch arm wie eine Kirchenmaus ist, wenn ihm sein Töchterchen alle Reichtümer der Welt zu Füßen legen kann?

In den Märchen verbirgt sich hinter scheinbarer Dummheit und Unlogik freilich oft eine Menge Weisheit. So auch in dieser Geschichte, die heute noch so populär ist, dass man einen cholerischen Menschen von geringer Körpergröße ein »Rumpelstilzchen« nennt, wenn er vor Wut ausflippt. Und die bisher erfolgreichste Verfilmung (nach dem amerikanischen *Rumpelstilzkin II* und dem tschechischen *Rumplcimprcampr*) war die

1990 von Bernd Eichinger produzierte Version *Werner – Beinhart*! Im Mittelpunkt der chaotische Erfinder Brösel, den ein weibliches Rumpelstilzchen (gespielt von Meret Becker) im Traum zu genialen Einfällen inspiriert, wofür er es zum Dank heiraten soll.

Sprachgeschichtlich meint **Rumpelstilz** einen boshaften Kobold oder Poltergeist, der an »Stelzen« (worunter man sich Stuhl- oder Tischbeine vorstellen kann) rüttelt oder »rumpelt«, um Aufmerksamkeit zu erregen oder die Menschen zu ärgern. Ein Rumpelstilz*chen* ist ein besonders kleiner Zwergkobold.

Herkunft: Die 17-jährige Henriette Dorothea Wild – die spätere Frau Wilhelm Grimms und eine seiner bevorzugten Informantinnen – steuerte die Erzählung 1811 zur Grimm'schen Märchensammlung bei. Verwandte Geschichten finden sich bereits bei Giambattista Basile (1634/36) und bei Marie Jeanne L'Héritier de Villandon (1705), die dem Kobold den hübschen Namen *Ricdin Ricdon* gab.

Verbreitung: Der Märchenstoff ist in fast allen europäischen Landschaften bekannt, von Polen und Tschechien bis Kroatien und Cornwall. In Dänemark heißt der Zwerg *Trillevip*, in Österreich *Purzinigele* und *Hopfenhütel*, in Bayern *Silfingerl* und in Südengland *Terrytop*. Philosophischen Tiefsinn verrät sein lettischer Name *Neezinsch* (»Nichts«); dabei beherrscht Neezinsch die seltene Kunst, Moos zu Seide spinnen zu können. Verwandt sind die zahlreichen »Baumeistersagen«: Beim Dombau zu Lund soll ein Riese dem heiligen Laurentius seine Hilfe angeboten haben; wenn er ihm aber nachher seinen Namen nicht nennen könne, werde er ihm die Augen ausstechen. Zum Glück trifft der Heilige in seiner Verzweiflung auf die Frau des Riesen, die ihrem Kind ein Schlaflied vorsingt: »Schweig stille, mein

Kind! / Bald kommt dein Vater Find, / bringt Sonne und Mond als Spielzeug / oder des heiligen Laurentius Augen!« In afrikanischen Märchen sind es mächtige Tiere, die ihre Hilfe anbieten und die Bedingung stellen, dass man ihren Namen errät.

Ob sich das Märchen aus einer alten Zwergensage oder einem amüsanten Schwank (noch gut in Varianten à la *Tom Tit Tot* zu erkennen) entwickelt hat, lässt sich nicht eindeutig beantworten. Sicher sind sich die Interpreten aber darin, dass es sich wieder einmal um einen der zahllosen Ablösungs- und Selbstfindungskonflikte handelt, von denen es in den Volksmärchen nur so wimmelt. Hinter den äußeren Bewährungsproben, Rätselaufgaben, Herkulesarbeiten steht in jedem Fall ein innerer Reifungsprozess.

In einer Märchenfassung aus Suffolk heißt der Kobold *Tom Tit Tot:* Eine Frau bäckt fünf Kuchen, die von ihrer gefräßigen Tochter mit einem Happs vertilgt werden. Auch hier kommt ganz zufällig der König vorbei und hört die entgeisterte Mutter singen: *My darter ha 'ate five, five pies to-day* (»Meine Tochter aß fünf Kuchen heut«). Er bleibt stehen, fragt sie, was sie da gesungen habe, und weil sie sich schämt, wandelt sie ihr Liedchen etwas ab: *My darter ha 'spun five, five skeins to-day* (»Meine Tochter spann fünf Spulen heut«).

Nun nimmt das Verhängnis seinen Lauf: Der König heiratet das vermeintlich so fleißige Geschöpf, verspricht ihm elf Monate im Jahr ein Luxusleben, aber im zwölften Monat muss es täglich fünf Spindeln Flachs spinnen – oder sterben. Als das Jahr zur Neige geht und die junge Königin schluchzend vor dem Spinnrad sitzt, da steht plötzlich »ein kleines schwarzes Ding mit einem langen Schwanz« vor ihr, lässt sich ihre Not erzählen, spinnt den ganzen Flachs für sie und verkündet schwanzwirbelnd, wenn sie bis zum Monatsende seinen Namen nicht erraten habe, »dann gehörst du mir«!

Am vorletzten Tag des Monats isst der König mit seiner verängstigten Frau zu Abend, fängt plötzlich zu lachen an und erzählt, auf der Jagd habe er in einer Kalkgrube ein drolliges schwarzes Wesen beobachtet, das ein Spinnrad drehte, seinen Schwanz umherwirbelte und dabei sang: »Nimmy nimmy not – ich heiße Tom Tit Tot!« Als sie dem unheimlichen Helfer seinen Namen auf den Kopf zusagt, fliegt er kreischend davon und wird nie wieder gesehen.

Glücksfantasien, aus Verzweiflung geboren?

Die Anfangskonstellation ist aus vielen Märchen bekannt: Gefühllose, an Leistung, Besitz, Äußerlichkeiten orientierte Männer bedrängen ein wehrloses, an fraglosen Gehorsam gewöhntes Mädchen. In diesem Fall sind es der großsprecherische, die Schönheit und die vermeintlichen Talente der Tochter für das eigene Prestige ausbeutende Vater und der goldlüsterne, vielleicht aber auch auf ein Zauberkunststückchen neugierige König. Wie es dem Mädchen dabei geht und was es selbst aus seinem Leben machen möchte, interessiert diese Männerwelt nicht, und eine Mutter oder große Schwester oder resolute Großmama kommt nicht vor.

Ob es aber wirklich nur die unsensible Härte einer patriarchalen Gesellschaft ist, die seelische Bedürfnisse und eine liebevolle Beziehung dem Gewinnstreben und dem Technikwahn opfert, wie eine feministische Märchendeutung behauptet hat? Geht der geltungssüchtige Müller in seinem Katzbuckeln vor der politischen Macht über Leichen?

Neigen nicht Eltern, Geschwister, auch Verliebte überhaupt dazu, ein Kind, einen jüngeren Bruder oder die kleine Schwester, den vergötterten Partner zu überfordern? »Mein Kind gehört in der Schule zu den Überfliegern!« – »Meine Frau schafft den Haushalt mit links und nebenher macht sie Kommunalpolitik!« – »Ich hab den süßesten Lover von euch allen!«

Kinder sollen die unerfüllten Träume ihrer Eltern realisieren, »aus dir soll mal was Besseres werden«. Familienmitglieder werden einer abstrakten Vorstellung von heiler, geordneter Welt unterworfen. Der Partner soll sich dem Wunschbild angleichen, das ich mir von ihm gemacht habe. Alles, was das Kind, der Freund, die Ehefrau aus sich heraus ist und bisher gestaltet hat, ist nur »Stroh«, wertlos, lästig. Daraus muss jetzt »Gold« werden: Leistung, Erfolg, klingende Münze, ein »guter Namen«, eine »gute Partie«. Frauen haben solche armseligen Visionen genauso in ihren Köpfen wie Männer.

> »Doch nicht nur die äußere Welt bedrängt uns mit ihren männlichen Forderungen von Ansprüchen, Leistung und Gehorsam – auch die Art und Weise, wie wir mit uns selbst umgehen, ist oft genauso unbarmherzig und gefühllos. Gerade Menschen, die sich minderwertig, nicht wichtig oder gut genug fühlen, behandeln sich selbst mit einer kalten Strenge, die dem Befehl des Königs – ›Wenn du das Stroh nicht zu Gold spinnst, musst du sterben‹ – gleich kommt. Wer rettet diese innere Müllerstochter – das Gefühl – vor der herrschenden Grausamkeit?«[37]
>
> Angela Waiblinger

Dass der Habenichts von Müller sein geringes Sozialprestige mit der strahlenden Schönheit der Tochter aufzumöbeln versucht – und vielleicht von einer reichen Heirat träumt, von der auch für ihn etwas abfallen könnte – ist nicht ungewöhnlich. Man muss nicht in einem Slum der Dritten Welt wohnen, um auf die verzweifelte Idee zu kommen, sich oder seine Angehörigen auf mehr oder weniger diskrete Weise zu verkaufen.

Vielleicht ist der Müller gar nicht geistig verwirrt, sondern nur so am Ende jeder Hoffnung, dass er sich eine Wunschwelt zusammen zimmert, um seine elende Realität nicht mehr sehen zu müssen. Vielleicht spürt der König intuitiv die unbändige Kraft dieser Glücksfantasien und denkt sich: Mal ausprobieren, wie weit es diesem merkwürdigen Pärchen gelingt, die Wirklichkeit zu verwandeln. Es sind ja die Zeiten, »als das Wünschen noch geholfen hat«, wie es im *Froschkönig* heißt. Die Tochter, das wissen alle Beteiligten, wird alles tun, um die Ehre ihres Vaters zu retten, auf den sie als Halbwaise in einer geradezu symbiotischen Beziehung angewiesen ist.

Wer ist der Kobold?

Viel, viel Gold und immer noch mehr Gold, jede Nacht einen größeren Haufen, soll das brave Mädchen in seiner gefängnisartigen Kammer produzieren. Wobei das Gold nicht zu schnell mit Geld gleichgesetzt werden sollte. Im Märchen steht Gold, die edelste, dauerhafteste, wertbeständigste Materie auf Erden, für den innersten Kern des Menschen, für Ewigkeit und göttliches Bewusstsein; es holt den Kosmos in die Menschenwelt herein, entgrenzt, »vergoldet« den banalen Alltag. Aber es kann auch glitzernden Tand bedeuten und das Verliebtsein in Äußerlichkeiten. Gold: Symbol für die höchsten Werte – und für das, was man fälschlich dafür hält, Fetische, Ideologien, Worthülsen einer verlogenen Propaganda.

Für die Müllerstochter kommt alles auf dasselbe hinaus: Sie verkauft ihre Seele einem unpersönlichen Leistungsdiktat. Doch wie es im Märchen oft so geht: Auf dem Höhepunkt der Verzweiflung, als sie aus lauter Angst zu weinen beginnt, tritt ein wundersamer, unirdischer Helfer auf den Plan. Ein unscheinbares Männlein, über das wir zunächst nichts weiter erfahren, erkundigt sich mitleidig nach der Ursache ihrer Not, erledigt blitzschnell – »schnurr, schnurr, schnurr, dreimal gezogen« – die scheinbar unlösbare Aufgabe und gibt sich mit einer verhältnismäßig geringen Bezahlung zufrieden: Eine arme Müllerstochter kann sich nur ein einfaches Stück Stoff als Halsband leisten oder allenfalls einen billigen Modeschmuck.

Steht das Weggeben des Halsbands wirklich für ein Stück Triebverzicht oder für den Verlust eines Persönlichkeitsteils, oder haben die Tiefenpsychologen wieder einmal zuviel an dunkler Bedeutung in das Märchen hineingeheimnisst? Dass die Müllerstochter wirksame Hilfe erfährt und die Bezahlung ihres Helfers so souverän regelt, kann man auch als wachsendes Selbstvertrauen interpretieren. Beginnt da ein junger Mensch, der bisher brav fremde Befehle ausgeführt hat, sein Schicksal zum ersten Mal in die eigene Hand zu nehmen?

Wie man die vermeintliche Goldspinnerin einschätzen will, hängt auch davon ab, welche Funktion der Kobold erfüllt. Ganz unterschiedliche Interpretationen stehen zur Auswahl. Hat die Müllerstochter einen Pakt mit dem Teufel höchstpersönlich geschlossen? Wohl kaum, denn als sie seinen Namen schließlich doch noch errät, vermutet der dämonische Zwerg seinerseits die Hilfe höllischer Mächte: »Das hat dir der Teufel gesagt!«

Oder ist das Männlein ein Bild für etwas, was im Innern des Mädchens vorgeht? Verkörpert es die in seiner Seele schlummernde Kraft, aus den gewohnten Bahnen auszubrechen, die Wirklichkeit zu verwandeln? Überwindet das etwas scheu wirkende Mädchen die Angst vor der eigenen Courage, indem es sich so einen Helfer aus der Zauberwelt ausdenkt, der die verdrängte innere Energie höchst erfolgreich und blitzschnell in Aktion umsetzt?

Oder hat Eugen Drewermann Recht, der in dem Männlein das »Zwergen-Ich« der Müllerstochter erblicken will? Geht ihr plötzlich auf, dass sie ihre Seele dem Leistungszwang verkauft und ihren Körper zum Produktionsmittel entfremdet hat, um Geld und immer mehr Geld zu machen – bis sie jetzt endlich in Rumpelstilzchen die jämmerliche Zwergform ihres eigenen entfremdeten Menschseins entlarvt?

> »Die abgespaltenen Teile ihrer eigenen Seele hüpfen als Gnom, als Zwergenausgabe des Menschlichen, hinten im ›Wald‹ auf dem Tanzplatz des Unbewussten ihrer Psyche, solange herum, bis der Spuk sich durch die Auffindung des rechten ›Namens‹, durch Bewusstwerdung und Verhaltensänderung, legt.«[38]
>
> Eugen Drewermann

Erfreut findet der König am Morgen den Haufen Gold vor, den das Wundermädchen aus Stroh gewonnen hat – und sogleich greifen die Gesetze des entfesselten Kapitalismus: Mehr Profit! Mehr Gold! Rücksichtslose Ausbeutung. Arbeiten soll das Mädel, immer mehr arbeiten, »wenn ihr das Leben lieb wäre«. Die Hilfe des Männchens erweist sich als Geschenk mit Tücken: Denn jetzt bekommt der König erst recht Lust am Machtmissbrauch. Wieder wird das Mädchen eingesperrt, abwechselnd wird es bedroht und mit einer glanzvollen Zukunft geködert, die sich bei näherem Zusehen doch nur als goldener Käfig entpuppt.

Der Herr König hat keine Ahnung

Wir erfahren nicht, wie es der Müllerstochter in der ganz und gar nicht standesgemäßen Ehe mit dem König ergeht. Offenbar ist er nicht nur reich, sondern auch klug geworden: Er begnügt sich mit den drei Haufen Goldes und plagt seine junge Frau nicht länger mit Geldforderungen. Vielleicht hat er sich ja wirklich in das Mädchen verliebt. Vielleicht hat er sich auch einreden lassen, dass sich das Spinnen für eine Königin nicht schickt oder dass solche Wundergaben nur exakt dreimal funktionieren und dann nie wieder.

Was zu der neu erworbenen Selbstsicherheit und Tatkraft der jungen Aufsteigerin passen würde. Dass sie sich den König mit List und Tücke geangelt und damit nur das schäbige Verhalten des eigenen Vaters nachgeahmt habe, kann man ihr zwar nicht nachsagen; die Hochzeit als Belohnung für den dritten Goldberg war nicht ihre Idee. Aber den Kampf um ihr Kind, das der kleine Dämon von ihr haben will, nimmt sie mit großer Entschlossenheit auf.

Das voreilig gegebene Versprechen hat sie anscheinend verdrängt, sie »dachte gar nicht mehr an das Männchen«. Doch als es dann plötzlich vor ihr steht und das Baby fordert, ist sie sofort kampfbereit. Spontan bietet sie ihm »alle Reichtümer des Königreichs«; ihren Mann wird sie schon irgendwie überzeugen und besänftigen, schlimmstenfalls soll er sie davonjagen, wenn sie nur ihr Kind behalten darf. Dann verlegt sie sich auf die Mitleidstour und erreicht tatsächlich, dass ihr das – offenbar durchaus zu humanen Regungen fähige – Männchen eine zweite Chance gibt. Drei Tage hat sie Zeit, seinen Namen herauszufinden.

Die junge Königin wird umgehend aktiv. In etlichen Fassungen des Märchens schwingt sie sich selbst aufs Pferd und eilt kreuz und quer durch das kleine Königreich, um nach ungewöhnlichen Namen zu forschen. In den meisten Versionen bleibt sie die ganze Nacht wach, um Namen aufzulisten, und schickt ihre Dienerschaft auf die Suche. Ihr Mann, der König, kommt im Märchen nicht mehr vor, entweder ist ihm das Kind gleichgültig oder er hat keine einzige vernünftige Idee. Selbst in jenen seltenen Überlieferungen, die ihn auf der Jagd zufällig den übermütig herumtanzenden Kobold belauschen sehen, hat er keine Ahnung, worum es geht und welche Ängste seine Frau gerade aussteht.

Die psychologische Märchendeutung sieht in dem Kind natürlich nur ein Bild für innere Vorgänge in der Heldin. Das Kind, das ist sie selbst, ihr persönlicher Kern, ihr pulsierendes Leben – im Kontrast zur bisherigen Fügsamkeit, mit der sie fremden Erwartungen und toten, äußerlichen, lebensfeindlichen Dingen wie Geld, Prestige, Macht gedient hat. In ihrer geknechteten Seele haben sich Leistungsorientierung, Anpassung, Fremdbestimmung verselbstständigt und sind zum »Zwergen-Ich« geworden, zum bedrohlichen Dämon – den sie jetzt vor Energie sprühend bekämpft.

Nach der geeigneten Waffe sucht sie noch, aber sie weiß schon, wie sie aussieht: Wer den Namen einer Sache, einer Person, einer bösen Macht kennt, vermag das Unbekannte zu entzaubern, gewinnt seinerseits Macht über das Gefürchtete, kann das Verwunschene erlösen. Auch in der Religions- und Kulturgeschichte ist der Name seit jeher alles: Der Name ermöglicht Anrede und Kommunikation, offenbart die Persönlichkeit, verleiht Macht über das Benannte. Der Gott der Juden verbietet das Aussprechen seines Namens: Gottes Wesen lässt sich nicht auf einen simplen Begriff bringen, kein Mensch darf sich Gottes bemächtigen, etwa mit einer korrekten Theologie oder vorgeschriebenen Gebetsritualen. Und dann verrät er Mose doch seinen Namen, aus Sympathie und Liebe: Gott heißt »Ich bin da für euch«, das soll er seinem Volk sagen.

Doch der so wichtige Name des Kobolds lässt sich durch bloßes Nachdenken und Herumforschen nicht herausbringen. »Nicht erraten, nur erlauschen«[39] lässt er sich, indem man auf das Unbewusste hört, auf die eigene Seele, auf die (oft schmerzlichen) Erfahrungen, die man im Leben gemacht hat. Die Märchen sprechen vom tiefen Wald, wenn sie diesen Rückzug in die Innenwelt meinen.

»Ich bin es, der so oft bei Nacht
unterm Bett liegt und so hämisch lacht,
und der, der hinterm Spiegel steckt,
der grinst, wenn man das Kinn vorreckt,
der von jeder Geschichte den Schluss verrät,
der beim dritten Mal wie ein Hahn aufkräht,
der auch gnäd'ge Frau'n ans Kreischen bringt,
wenn ein Wort fällt, das so glitschig klingt,
und der Spruch an der Toilettentür
stammt auch von mir!
Ich beiß' auf Glas und knirsche laut,
und so entsteht die Gänsehaut.
Es ist gut, dass niemand weiß,
dass ich Rumpelstilzchen heiß!

Am Bahndamm, wo der Zug verkehrt,
der von Schilda nach Schlaraffia fährt,
wo Kinder ihre Höhlen baun,
weil sie sich nicht nach Hause traun,
wo der Rattenfänger von Hameln pfeift,
wo der Ziegenjunker die Scheren schleift,
wo der Wind durch tote Autos fegt,
wo der bucklige Oskar die Trommel schlägt,
da zünd ich am Abend dann mein Feuer an.
Ich tanze, bis der Mond aufgeht,
und sing' dazu mein altes Lied:
Es ist gut, dass niemand weiß,
dass ich Rumpelstilzchen heiß!«[40]

Franz Josef Degenhardt

Dort in einem hoch gelegenen Bergwald, »wo Fuchs und Has sich gute Nacht sagen«, stößt der Kurier der Königin endlich auf das sorglos um sein Feuer tanzende, siegessicher seinen Namen vor sich hinsingende Männchen. Als sie ihm ihr Wissen verrät, reißt es sich vor Wut selbst »mitten entzwei« – oder aus Verzweiflung, weil es am eben geborenen neuen Leben im Schloss nicht teilhaben darf, am Leben, das über die toten Götzen gesiegt hat? Oder ist auch dieser makabre Schluss wieder nur ein Bild dafür, dass die Königin nun endlich bei sich selbst angekommen ist und keine Angst vor den Mächten des Todes mehr haben muss?

Steckt in Rumpelstilzchen der »Menschenblut trinkende Geist des Kapitalismus«[41], der mit der richtigen Reklame auch Stroh verkaufen und zu Gold machen kann und von dem man sich leider auch nicht durch das kritische Beim-Namen-Nennen seiner Mechanismen befreien kann – wie der linke Politologe Iring Fetcher einst behauptete? Bildet das Märchen tatsächlich hellseherisch das kapitalistische Wirtschaftssystem ab, das in der Ersetzung von genussvollem privatem Konsum durch optimale Geldverwertung und abstrakte Kapitalvermehrung besteht – wie der skeptische Theologe Eugen Drewermann meint?

Ausgerechnet ein DDR-Film von 1960 (*Rumpelstilzchen*, Regie: Christoph Engel) bietet eine alternative Märchendeutung an. Es ist noch eine jener rührenden Kintoppversionen der Nachkriegszeit mit billigen Pappkulissen und Kronen aus Glanzpapier, Königreichen von Stadtviertelgröße und einem Hofstaat, der aus einem heimtückischen Schatzmeister, einem verschlafenen Schreiber, ein paar ständig kichernden Kammerjungfern und einem vorlauten Küchenjungen besteht.

Doch der Plot des Films erscheint alles andere als langweilig: Rumpelstilzchen ist hier ein lebensweises Zauberwesen, das tief enttäuscht von der Gier der Menschen nach Gold und Reichtum ist und das Kind der Müllerstochter deshalb in sein friedliches Reich holen will, wo ganz andere Wertmaßstäbe gelten. Als sich der König – im Film wird er aktiv – jedoch bereit erklärt, alle seine Schätze dem zu geben, der den Namen des Kobolds herausfindet, verzichtet Rumpelstilzchen auf seine Forderung und wünscht dem jungen Paar Glück.

Warum auch den armen Wicht immer zum Teufel machen? Immerhin hat er dem vom prahlerischen Vater und dem eigenen Komplizenverhalten ins Unglück gerittenen Mädchen geholfen – und nichts davon gehabt als ein billiges Halsband und ein Ringlein. Zumindest eine Einladung an das Männchen, künftig mit im Schloss zu wohnen, als Schutzgeist sozusagen, und sich am Königskind zu freuen – das wäre nett gewesen.

Es war einmal eine kleine süße Dirne, die hatte jedermann lieb, der sie nur ansah, am allerliebsten aber ihre Großmutter, die wußte gar nicht, was sie alles dem Kinde geben sollte. Einmal schenkte sie ihm ein Käppchen von rotem Sammet, und weil ihm das so wohl stand und es nichts anders mehr tragen wollte, hieß es nur das Rotkäppchen. Eines Tages sprach seine Mutter zu ihm: »Komm, Rotkäppchen, da hast du ein Stück Kuchen und eine Flasche Wein, bring das der Großmutter hinaus; sie ist krank und schwach und wird sich daran laben. Mach dich auf, bevor es heiß wird, und wenn du hinauskommst, so geh hübsch sittsam und lauf nicht vom Weg ab, sonst fällst du und zerbrichst das Glas, und die Großmutter hat nichts. Und wenn du in ihre Stube kommst, so vergiß nicht, guten Morgen zu sagen, und guck nicht erst in alle Ecken herum.«

»Ich will schon alles gut machen«, sagte Rotkäppchen zur Mutter und gab ihr die Hand darauf. Die Großmutter aber wohnte draußen im Wald, eine halbe Stunde vom Dorf. Wie nun Rotkäppchen in den Wald kam, begegnete ihm der Wolf. Rotkäppchen aber wußte nicht, was das für ein böses Tier war, und fürchtete sich nicht vor ihm. »Guten Tag, Rotkäppchen«, sprach er. »Schönen Dank, Wolf.« »Wo hinaus so früh, Rotkäppchen?« »Zur Großmutter.« »Was trägst du unter der Schürze?« »Kuchen und Wein: gestern haben wir gebacken, da soll sich die kranke und schwache Großmutter etwas zugut tun und sich damit stärken.« »Rotkäppchen, wo wohnt deine Großmutter?« »Noch eine gute Viertelstunde weiter im Wald, unter den drei großen Eichbäumen, da steht ihr Haus, unten sind die Nußhecken, das wirst du ja wissen«, sagte Rotkäppchen. Der Wolf dachte bei sich: »Das junge zarte Ding, das ist ein fetter Bissen, der wird noch besser schmecken als die Alte: du mußt es listig anfangen, damit du beide erschnappst.« Da ging er ein Weilchen neben Rotkäppchen her, dann sprach er: »Rotkäppchen, sieh einmal die schönen Blumen, die ringsumher stehen, warum guckst du dich nicht um? Ich glaube, du hörst gar nicht, wie die Vöglein so lieblich singen? Du gehst ja für dich hin, als wenn du zur Schule gingst, und ist so lustig haußen in dem Wald.«

Rotkäppchen schlug die Augen auf, und als es sah, wie die Sonnenstrahlen durch die Bäume hin und her tanzten und alles voll schöner Blumen stand, dachte es: »Wenn ich der Großmutter einen frischen Strauß mitbringe, der wird ihr auch Freude machen; es ist so früh am Tag, daß ich doch zu rechter Zeit ankomme«, lief vom Wege ab in den Wald hinein und suchte Blumen. Und wenn es eine gebrochen hatte, meinte es, weiter hinaus stände eine schönere, und lief darnach, und geriet immer tiefer in den Wald hinein. Der Wolf aber ging geradewegs nach dem Haus der Großmutter und klopfte an die Türe. »Wer ist draußen?« »Rotkäppchen, das bringt Kuchen und Wein, mach auf.« »Drück nur auf die Klinke«, rief die Großmutter, »ich bin zu schwach und kann nicht aufstehen.« Der Wolf drückte auf die Klinke, die Türe sprang auf, und er ging, ohne ein Wort zu sprechen, gerade zum Bett der Großmutter und verschluckte sie. Dann tat er ihre Kleider an, setzte ihre Haube auf, legte sich in ihr Bett und zog die Vorhänge vor.

Rotkäppchen aber war nach den Blumen herumgelaufen, und als es so viel zusammen hatte, daß es keine mehr tragen konnte, fiel ihm die Großmutter wieder ein, und es machte sich auf den Weg zu ihr. Es wunderte sich, daß die Türe aufstand, und wie es in die Stube trat, so kam es ihm so seltsam darin vor, daß es dachte: »Ei, du mein Gott, wie ängstlich wird mir's heute zumut, und bin sonst so gerne bei der Großmutter!« Es rief »Guten Morgen«, bekam aber keine Antwort. Darauf ging es zum Bett und zog die Vorhänge zurück: da lag die Großmutter und hatte die Haube tief ins Gesicht gesetzt und sah so wunderlich aus. »Ei, Großmutter, was hast du für große Ohren!« »Daß ich dich besser hören kann.« »Ei, Großmutter, was hast du für große Augen!« »Daß ich dich besser sehen kann.« »Ei, Großmutter, was hast du für große Hände!« »Daß ich dich besser packen kann.« »Aber, Großmutter, was hast du für ein entsetzlich großes Maul!« »Daß ich dich besser fressen kann.« Kaum hatte der Wolf das gesagt, so tat er einen Satz aus dem Bette und verschlang das arme Rotkäppchen.

Wie der Wolf sein Gelüsten gestillt hatte, legte er sich wieder ins Bett, schlief ein und fing an, überlaut zu schnarchen. Der Jäger ging eben an dem Haus vorbei und dachte: »Wie die alte Frau schnarcht, du mußt doch sehen, ob ihr etwas fehlt.« Da trat er in die Stube, und wie er vor das Bette kam, so sah er, daß der Wolf darin lag. »Finde ich dich hier, du alter Sünder«, sagte er, »ich habe dich lange gesucht.« Nun wollte er seine Büchse anlegen, da fiel ihm ein, der Wolf könnte die Großmutter gefressen haben und sie wäre noch zu retten: schoss nicht, sondern nahm eine Schere und fing an, dem schlafenden Wolf den Bauch aufzuschneiden. Wie er ein paar Schnitte getan hatte, da

sah er das rote Käppchen leuchten, und noch ein paar Schnitte, da sprang das Mädchen heraus und rief: »Ach, wie war ich erschrocken, wie war's so dunkel in dem Wolf seinem Leib!« Und dann kam die alte Großmutter auch noch lebendig heraus und konnte kaum atmen. Rotkäppchen aber holte geschwind große Steine, damit füllten sie dem Wolf den Leib, und wie er aufwachte, wollte er fortspringen, aber die Steine waren so schwer, daß er gleich niedersank und sich totfiel.

Da waren alle drei vergnügt; der Jäger zog dem Wolf den Pelz ab und ging damit heim, die Großmutter aß den Kuchen und trank den Wein, den Rotkäppchen gebracht hatte, und erholte sich wieder, Rotkäppchen aber dachte: »Du willst dein Lebtag nicht wieder allein vom Wege ab in den Wald laufen, wenn dir's die Mutter verboten hat.«

Es wird auch erzählt, daß einmal, als Rotkäppchen der alten Großmutter wieder Gebackenes brachte, ein anderer Wolf ihm zugesprochen und es vom Wege habe ableiten wollen. Rotkäppchen aber hütete sich und ging gerade fort seines Wegs und sagte der Großmutter, daß es dem Wolf begegnet wäre, der ihm guten Tag gewünscht, aber so bös aus den Augen geguckt hätte: »Wenn's nicht auf offner Straße gewesen wäre, er hätte mich gefressen.« »Komm«, sagte die Großmutter, »wir wollen die Türe verschließen, daß er nicht herein kann.« Bald darnach klopfte der Wolf an und rief: »Mach auf, Großmutter, ich bin das Rotkäppchen, ich bring dir Gebackenes.« Sie schwiegen aber still und machten die Türe nicht auf: da schlich der Graukopf etlichemal um das Haus, sprang endlich aufs Dach und wollte warten, bis Rotkäppchen abends nach Haus ginge, dann wollte er ihm nachschleichen und wollt's in der Dunkelheit fressen. Aber die Großmutter merkte, was er im Sinn hatte. Nun stand vor dem Haus ein großer Steintrog, da sprach sie zu dem Kind: »Nimm den Eimer, Rotkäppchen, gestern hab ich

Würste gekocht, da trag das Wasser, worin sie gekocht sind, in den Trog.« Rotkäppchen trug so lange, bis der große, große Trog ganz voll war. Da stieg der Geruch von den Würsten dem Wolf in die Nase, er schnupperte und guckte hinab, endlich machte er den Hals so lang, daß er sich nicht mehr halten konnte und anfing zu rutschen: so ruschte er vom Dach herab, gerade in den großen Trog hinein, und ertrank. Rotkäppchen aber ging fröhlich nach Haus, und niemand tat ihm etwas zuleid.

Hütet euch vor den zärtlichen Wölfen!

Rotkäppchen oder: Welchen Preis hat die Freiheit?

Alles begann mit dem französischen Salondichter und Beamten Charles Perrault (1628 – 1703) und seiner fixen Idee, dass es kein Märchen ohne dick aufgetragene Moral geben dürfe. Weil er seine Fabeln nicht für Kinder schrieb, sondern für das gebildete Erwachsenenpublikum, schilderte er erotische Verwicklungen und grausame Strafen zwar unbefangen und detailfreudig, schob dann aber gleichsam zur Entschuldigung eine leicht ironisierende gereimte Moralpredigt nach.

In Perraults *Le petit chaperon rouge*, dem Vorläufer unseres Rotkäppchen-Märchens, sieht das so aus, dass der in Großmamas Bett liegende Wolf das Rotkäppchen ohne Umschweife auffordert: »Schlaf mit mir« *(viens te coucher avec moi)*, worauf sich die Kleine brav auszieht, unter die Decke schlüpft und sich nur wundert: »Großmutter, was habt Ihr für große Arme!« – »Damit ich dich besser umfangen kann, mein Kind.«

Doch die verwelkten Marquisen und blutjungen Baronessen, die sich Perraults Texte in den Pariser Salons vortragen ließen, sollten sich nicht zu sehr an den eindeutigen Zweideutigkeiten erlustieren. Nehmt euch bloß vor den schlimmen Männern in acht, schärfte er ihnen ein, vor allem vor den vermeintlichen Softies:

»Hier sieht man, dass ein jedes Kind
und dass die kleinen Mädchen (die schon gar,
so hübsch und fein, so wunderbar!)

sehr übel tun, wenn sie vertrauensselig sind,
und dass es nicht erstaunlich ist,
wenn dann ein Wolf so viele frisst.
Ich sag: ein Wolf, denn alle Wölfe haben
beileibe nicht die gleiche Art:
da gibt es welche, die ganz zart,
ganz freundlich leise, ohne Böses je zu sagen,
gefällig, mild, mit artigem Betragen
die jungen Damen scharf ins Auge fassen
und ihnen folgen in die Häuser, durch die Gassen.
Doch ach, ein jeder weiß, gerade sie, die zärtlich werben,
gerade diese Wölfe locken ins Verderben.«[42]

Später hat Perrault die Erzählung dann noch einmal ausdrücklich für Kinder publiziert – was damals ungewöhnlich war, Märchen wurden für Erwachsene geschrieben – mit der Regieanweisung, dem Kind die Worte des tückischen Untiers »mit lauter Stimme« vorzulesen, »als ob der Wolf drauf und dran wäre, es zu fressen.«

Der Wolf auf der Psychiatercouch

Natürlich geht es auch anders. In einer modernen Märchenadaption aus den USA liegen Großmutter und der Wolf im Bett, die Großmutter fächelt sich Kühlung zu, der Wolf lässt die Zunge heraushängen und sagt bedauernd zu Rotkäppchen: *»It's too hot to eat«*, »Es ist zu heiß, um zu fressen.« Oder der Wolf liegt als Oma verkleidet auf der Couch, und der Psychiater will wissen: *»When did you first feel the need to wear women's clothing?«* – »Wann verspürten Sie zum ersten Mal den Zwang, Frauenkleider zu tragen?«

Von Perraults pädagogischem Holzhammer bis zu solchen verharmlosenden Remakes, die niemandem mehr einen Schauer über den Rücken jagen, führt ein weiter Weg. Die alten Botschaften aber wirken immer noch nach – und auch die unterschiedlichen Traditionen: In einer Mädchenschule, wo deutsche und französische Kinder gemeinsam unterrichtet werden, ließ man die Kinder das Märchen zeichnen. Und siehe da: Auf den Kunstwerken der deutschen Kinder schaute ein Rotkäppchen mit blonden Zöpfen ängstlich-naiv in die Welt und der Wolf wirkte wie ein gefährliches Ungeheuer. Die zehnjährigen Französinnen dagegen hatten – alle! – einen netten Hund gemalt, den ein schwarzhaariges, ziemlich damenhaftes Rotkäppchen mit einem koketten Knicks begrüßt.

Was ist denn nun *Rotkäppchen*? Ein liebenswürdiges Kindermärchen mit gutem Ausgang (Das süße Ding wird gerettet, weil es lernfähig ist und in Zukunft brav auf dem Weg bleiben wird.)? Oder eine Horrorgeschichte mit kannibalischen Zügen (Rotkäppchen bekommt in etlichen französischen Varianten Fleisch und Blut der Großmama vorgesetzt und am Ende wird es auch noch vom Wolf verschlungen.)?

Wenn es so einfach wäre! Die Fassung, die uns hierzulande vertraut ist, nämlich die spätere Version von Grimms *Kinder- und Hausmärchen* (1819), bedient sich aus vielen Quellen, hat Perrault im Hintergrund, verarbeitet aber ganz verschiedene Vorlagen, die Perrault bereits verfremdete und veränderte. Deutliche Parallelen verweisen auf das Märchen vom *Wolf, der die sieben Geißlein verschlungen hat.* Am Ende gehen die Stoffe, Motive und Charaktere heillos durcheinander.

Rotkäppchen, so genannt nach der edlen roten Samtkappe, die ihm die Großmutter geschenkt hat und in die es ganz vernarrt ist, spukte schon lange vor den Brüdern Grimm durch Volksüberlieferung und Literatur. Erste Wurzeln lassen sich im antiken Mythos von *Kronos* nachweisen, der seine eigenen Kinder verschlingt; es gelingt ihnen allerdings, aus seinem Bauch zu fliehen und stattdessen einen Stein hineinzulegen, um den kannibalischen Vater zu täuschen. 1023 berichtet Egbert von Lüttich unter dem Titel *Fecunda ratis* von einem unter Wölfen lebenden kleinen Mädchen, das ein nicht näher definiertes rotes Kleidungsstück trägt.

In ihrer ersten Fassung verbinden die Brüder Grimm eine Volkserzählung »aus den Maingegenden« mit einer Geschichte, die sie von der 21-jährigen Jeanette Hassenpflug gehört haben und die wiederum auf Charles Perrault (1697) zurückgeht. Als weitere Quelle kommt die ziemlich gestelzte Dramatisierung des Romantikers Ludwig Tieck (1800) unter dem Titel *Tragödie vom Leben und Tod des kleinen Rothkäppchens* dazu. Tieck über den bösen Wolf: »Es kann einer wohl ein Verbrechen begehn, / doch kann er nie der Strafe entgehn.«

Die Brüder Grimm ebneten die allzu anstößigen oder unappetitlichen Elemente der Vorlagen ein (Der Wolf muss sich in das Nachtgewand der Großmama zwängen.) und passten sie den Erwartungen ihres bürgerlichen Publikums an.

Rotkäppchen beginnt wie das klassische Zaubermärchen: Die Kleine zieht auf Abenteuer aus – wenn es auch nur die kranke Großmutter ist, die am Ziel wartet –, muss im Wald Gefahren bestehen und begegnet einem Wesen aus der anderen Welt. Geliebt und behütet ist das Mädchen bisher aufgewachsen, wohl auch verzärtelt von der Oma, »die wusste gar nicht, was sie alles dem Kinde geben sollte«. Nicht irgendeine grob gestrickte Wollmütze hat sie ihm geschenkt, sondern ein rotes Samtkäppchen, wie für eine Prinzessin gemacht.

Für alles Mögliche muss die rote Kappe bei Psychologen, Mythologieforscherinnen, Germanisten herhalten: Revolte gegen die Eltern, sexuelle Neugier, Menstruation, Frühreife, Sonnenscheibe, Koboldverhalten. Natürlich kann sich auch die Warnung, die Weinflasche für die Großmama nicht zu zerbrechen, nur auf die Entjungferung durch eine Räuberbande beziehen. Der Wald steht im Märchen ja immer für seelische Abgründe und die Berührung mit dem Unheimlichen. Und die Schürze, die es angezogen hat, ist entweder eine rührende Erinnerung an die sparsame Bekleidung Adams und Evas im Paradies oder die Steilvorlage für den Verführer im Wolfspelz: »Was trägst du unter der Schürze?« Großmutter ist logischerweise eine Nachfahrin der Druiden und Verkörperung der Großen Mutter, wohnt sie doch im Schatten heiliger Eichen und Haselsträucher.

Alles Quatsch – möglicherweise. Am Anfang des Märchens soll die Welt einfach rundum heil aussehen wie in einem Bilderbuch. Alle haben Rotkäppchen lieb, es ist brav und verspricht, den Waldweg nicht zu verlassen, auf die Geschenke im Körbchen acht zu geben und höflich »Guten Morgen« zur Oma zu sagen.

> »Rotkäppchen war meine erste Liebe. Ich wusste: Hätte ich Rotkäppchen heiraten können, so wäre mir vollkommene Glückseligkeit zuteil geworden.« Charles Dickens

In diese Idylle bricht, man hat nur darauf gewartet, die erbarmungslose Realität aus Lüge, Aggression, Gewalt und sexueller Ausbeutung herein, symbolisiert im Wolf, der so freundlich tut und so heimtückisch ist und nur das Missbrauchen, Fressen und Töten im Sinn hat. Das aus vielen Vorläufern und Motivsträngen zusammengeschusterte Märchen kümmert sich wenig um die Gesetze der Logik: Warum klopft der Wolf wohlerzogen an Großmutters unverschlossene Tür und gibt sich als Rotkäppchen aus, wenn er sich ein paar Sekunden später ohnehin auf sie stürzt, um sie aufzufressen? Wieso braucht der Wolf unter der Bettdecke ein Nachthemd, um Rotkäppchen zu täuschen – es hätte doch die Haube der Oma genügt, die er sich tief ins Gesicht zieht? Und woher hat er plötzlich Nachtzeug und Haube der soeben mit ihrem ganzen Bettdress verschluckten Großmama? Warum dringt der Jäger uneingeladen ins Haus ein, nur weil er sich über das laute Schnarchen der vermeintlichen Großmutter wundert? Wieso erschießt er den bösen Wolf nicht einfach, statt ihm den aufgeschlitzten Bauch mit schweren Steinen zu füllen, die das kleine Rotkäppchen mühsam heranschleppt?

Trotz solcher logischer Brüche gelingt den Brüdern Grimm ein hochdramatischer Spannungsaufbau. Statt das »junge zarte Ding« gleich im Wald zu verspeisen, spaziert der Wolf erst mal zum Haus der Großmutter, macht dieser den Garaus und wartet in Omas Bett auf Rotkäppchen. Wir warten mit, in atemloser Spannung wie bei einem Fernseh-Krimi, wo die Zuschauer meist auch mehr wissen als die Akteure. Bevor der Wolf Rotkäppchen vertilgt, gibt es einen lustvoll mit Andeutungen spielenden, den bedrohlichen Hintersinn von Frage zu Frage steigernden Dialog. Und wieder verstehen wir jedes Wort und könnten schreien vor Entsetzen, weil das naive Rotkäppchen – noch könnte es davonlaufen und die Tür zuschlagen! – nichts begreift.

Der Wolf in uns und der Jäger aus dem Polizeistaat

Wer ist denn nun der Wolf, der verschlagene Kannibale, mit dem man am Ende doch fast Mitleid bekommt, weil er gar so elend zu Grunde geht? Eine Erinnerung an die alten Mythen, in denen er (bei den Römern) den Kriegsgott Mars begleitete und (bei den Germanen) mit seinem Geheul den Weltuntergang ankündigte? Aber so schlimm war er nicht immer; die Griechen gesellten ihn – weil er in der Dunkelheit so scharf sehen kann – dem Lichtgott Apollo zu, in Rom säugte eine freundliche Wölfin die hilflos ausgesetzten Zwillinge Romulus und Remus, und in China bewachte ein Wolf den Himmelspalast.

Wenn sich Menschen unter dem Einfluss unglückseliger Mondkonstellationen oder eines Fluches in einen Wolf verwandelten, sprach man vom Werwolf. Tatsächlich gab es im 16. und 17. Jahrhundert in Frankreich massenweise Prozesse gegen »Werwölfe«, die man beschuldigte, Kinder zerfleischt zu haben. Und die SS nannte die Partisanentrupps, die sie kurz vor Ende des Zweiten Weltkriegs gegen alliierte Besatzer und deutsche Kollaborateure ausrüstete, den »Werwolf«.

Im Märchen steht der Wolf natürlich wieder einmal für verdrängte Sexualität, für das Animalische. Er ist ein richtiger Macho, vor dem sich Rotkäppchen und wohl auch viele groß gewordene Mädchen, die das Märchen geprägt hat, fürchten und gleichzeitig magisch angezogen fühlen. So ein ungezähmter Waldbewohner, der knurrend und gierig über sein Opfer herfällt, mag ihnen bisweilen interessanter erscheinen als der schüchterne Kollege mit den guten Manieren.

Denn im Wolf steckt wohl auch ein Stück von Rotkäppchens Persönlichkeit, »seiner bisher ›ausgegrenzten‹, streunenden, aggressiven, lebenshungrigen Seite«, wie die von C.G. Jung geprägte Psychotherapeutin Verena Kast behauptet (um auch gleich auf Sigmund Freud zu verweisen, der im verschlingenden und später vom Jäger aufgeschlitzten Wolf ein weibliches Element mit Zügen einer Gebärenden erblickt). Das Wilde, Brutale, Rücksichtslose, über das wir uns bei den unentbehrlichen Sündenböcken so entsetzen, ist ja immer auch eine Möglichkeit in uns selbst, zum Glück meist schlummernd, bisweilen aber mit zerstörerischer Kraft hervorbrechend.

Das notwendige Pendant zum Wolf bildet der Jäger, den die Brüder Grimm von Ludwig Tieck übernommen haben: Er entdeckt den Wolf, der sich wohl überfressen hat und laut schnarcht, schneidet ihm sorgsam den Bauch auf – mit einer Schere, sehr ungewöhnlich für einen Waidmann -, holt die beiden noch quicklebendigen Wolfsopfer heraus und füllt ihm den Bauch mit Steinen, so dass er, als er später fort springen will, sterbend niedersinkt.

Psychologische und esoterische Märchendeutungen sehen im Jäger eine Vaterfigur – man erfährt ja nicht, ob das von Mutter und Großmama überbehütete Rotkäppchen überhaupt einen Vater hat – und eine Verkörperung der positiven Seiten des männlichen Prinzips. Was freilich ein bestimmtes ideologisches Männerbild voraussetzt: »In einem überlegten Umgang mit Waffen verdeutlicht der Jäger die kanalisierten und kultivierten Urtriebe«.[43] Gesellschaftskritische Autoren dagegen sehen in dem sich »wie ein Waldpolizist« aufführenden und auf ein bloßes Schnarchen hin in ein Privathaus eindringenden Jäger eher einen Vorläufer der typisch deutschen Polizeisitte, »bei jeder lauten Äußerung Verdacht zu schöpfen und ohne richterliche Erlaubnis in fremden Wohnungen herumzuschnüffeln«.[44]

Religionspädagogen, um Versöhnung der Gegensätze bemüht, halten dem Jäger zugute, dass er das Böse nicht mit dem Gewehr ausrottet, sondern »gewaltfrei«, indem er den Wolfsbauch aufschneidet und die Opfer herausholt. So schafft er die Möglichkeit eines neuen Anfangs, einer Wiedergeburt. Das so grausam erscheinende Aufschlitzen sei übrigens ein durchaus kindgerechtes Motiv und das vergnügte Herausspringen der beiden Aufgefressenen erscheine ganz normal, sagen die Analytiker: Kinder stellen sich die Geburt gern so vor, dass der Bauch der Mutter aufgetrennt und etwas Verschlucktes herausgeholt wird, und auch den Tod sehen sie häufig als zeitlich begrenztes Verschwinden.

Und der Wolf, der sich wegen der zentnerschweren Steinladung in seinem Leib »totfiel«? Man kann darüber streiten, ob man dem zottigen Kannibalen lieber dieses merkwürdige Ende wünschen soll oder das unrühmliche Ertrinken in der Wurstsuppe; auf jeden Fall klingt der von den Brüdern Grimm ziemlich unmotiviert angehängte zweite Schluss der Geschichte noch viel unglaubwürdiger als das Überleben von Rotkäppchen samt Großmama im Wolfsbauch.

Breschnew und das Märchen von Opfer und Aggressor

Was *Rotkäppchen* denn nun für eine Geschichte ist, wissen wir immer noch nicht. Ein pädagogisches Lehrstück für unartige Kinder: Hör auf deine Eltern und geh nicht vom vorgezeichneten Weg ab? Eine drastische Warnung, sich von fremden Männern (selbst wenn sie sich als netter deutscher Schäferhund verkleiden) ansprechen zu lassen? Eine Parabel für die komplizierte Beziehung zwischen Opfer und Aggressor? Sogar Leonid Breschnew kannte das Märchen, als er sich 1976 darüber beschwerte, man tue immer so, als sei Titos Jugoslawien das arme kleine Rotkäppchen und die Sowjetunion der kriegslüsterne Wolf.

> Am 16. November 1979 erließ das Landratsamt Ansbach eine »Beseitigungsanordnung« gegen einen jungen Bauern aus dem fränkischen Aurach, der an seine Scheune einen Wolf mit den Zügen des damaligen Kanzlerkandidaten Franz Josef Strauß und ein kleines Mädchen gepinselt hatte; das Mädel fragt:

»Warum hast du so ein großes Maul?« Die Darstellung von Strauß als Bösewicht, so die Behörde, »sowie die durch die Darstellung zum Ausdruck gebrachte Meinung, der Bayerische Ministerpräsident Dr. h. c. Strauß täusche die Bevölkerung über seine wirklichen, nämlich bösen Absichten, verletzt die Ehre des Bayerischen Ministerpräsidenten und beeinträchtigt die Würde und das Ansehen des Staatsoberhauptes.« Nach Morddrohungen, Landtagsanfragen und Leserbriefen (»Ich bin selbst Bauer und habe noch eine Scheunenwand frei«) wurde das Verfahren eingestellt.[45]

Vor diesem Hintergrund bildet das Märchen die traditionelle Beziehung zwischen naiv-schwacher Frau und hinterhältigem männlichem Verführer ab – und verfestigt die Opferrolle: Geschlechtsakt = kannibalisches Geschehen, bei dem der Mann die Frau verschlingt! Die vielen emanzipatorischen Neufassungen der letzten Zeit drehen das Verhältnis zwar gern um – Rotkäppchen wehrt sich und schießt den Wolf tot –, bieten aber kein Modell an, wie Opfer und Aggressor besser miteinander umgehen können und wie sich am Ende dieses fixe Rollenverhältnis vielleicht sogar aufbrechen und die Gewaltspirale anhalten lässt.

Eine interessante Theorie sieht in *Rotkäppchen* den Niederschlag uralter Initiationsriten: Bei manchen Naturvölkern mussten die jungen Menschen nicht nur einsame Nächte in der Wildnis verbringen und körperliche Schmerzen aushalten, um in den Stammesclan aufgenommen zu werden; sie ließen sich auch symbolisch vom Totemtier des Stammes verschlingen, um als Erwachsene »wiedergeboren« zu werden. Rotkäppchen wird zusätzlich in traditionell weibliche Aufgaben eingeführt; es sorgt für ein krankes Familienmitglied und bringt ihm ein stärkendes Mahl.

Oder handelt es sich um eine simple Beziehungs- und Ablösungsgeschichte? Das kleine Mädchen, dessen Versuch, sich aus der mütterlichen Kontrolle zu lösen, so gefährlich scheitert? Welchen Preis hat die Freiheit? Ein offensichtlich allein von Mutter und Großmama erzogenes Rotkäppchen, das sich nach dem männlichen Gegenüber sehnt und gleichzeitig davor fürchtet und mit Wolf und Jäger verwirrend unterschiedliche Erfahrungen macht (und natürlich auch mit den eigenen männlichen Seiten leben lernen muss)?

Oder ist es eine typisch weibliche Entwicklungsgeschichte mit einigen Komplikationen und einem glücklichen Ausgang? Die Geschichte eines Mädchens, das zu lange und zu stark behütet, wie ein Kleinkind behandelt worden ist und sich dann doch auf den Weg zur eigenen Erfahrung gemacht hat, das lernt, dem eigenen weiblichen Fühlen und Erleben zu trauen und nicht hilflos auf den rettenden oder inspirierenden Mann zu warten, das (im Wolfsbauch) stirbt und wiedergeboren wird zu einem weltoffenen, selbstbestimmten, verantwortungsbewussten Leben?

Plötzlich gewinnt auch der Wolf einen anderen Stellenwert und erscheint als jemand, der das Rotkäppchen zur Sinnlichkeit befreit – wenigstens zu einer Ahnung von Sinnlichkeit, denn für die Sexualität ist es ja trotz seiner leuchtend roten Signalkappe noch nicht reif. Dass Kinder gerade die Bettszene in *Rotkäppchen* mögen, spricht Bände: Offensichtlich erkennen sie die ambivalenten Gefühle des neben dem Wolf liegenden Mädchens als ihre eigenen.

Am Ende leben zwar alle aufgefressenen Wolfsopfer wieder und das Untier ist mausetot, aber der Schluss will nicht so recht befriedigen. Wird sich Rotkäppchen wirklich anders verhalten, wenn es nach Hause zurückkehrt? Werden Mutter und Großmama ihr Verhalten überprüfen? Geht der Jäger mit dem gut verkäuflichen Wolfspelz vergnügt seiner Wege oder wird er seine Vaterrolle weiterspielen?

Völkisches Recht und Jakobinermütze

Für die Nazis war die Sache klar: Der Wolf steht für fremdländische Tücke und die rote Samtkappe für das heilige deutsche Recht. »Wenn nur erst im Deutschen der Jäger (…), der göttliche Geistesmensch, erwacht ist, dann wird er das deutsche Recht aus der Gewalt derer befreien, deren Gott der Bauch, der materielle Genuss ist« – jubelte ein gewisser Werner von Bülow 1925 in seinem Enthüllungsbuch *Märchendeutungen durch Runen* (Hakenkreuz-Verlag Hellerau bei Dresden). Da schien es schon richtig zahm, dass die DDR-Pädagogik in Rotkäppchens Gang zur Großmutter den begrüßenswerten kindlichen Wunsch sah, erste gesellschaftliche Pflichten zu übernehmen.

Die Wirkungsgeschichte des Märchens liest sich stellenweise nicht minder verworren als *Rotkäppchen* selbst. Deutlich ist allerdings der Trend zur Verharmlosung (von Kannibalismus ist kaum mehr die Rede) und Erotisierung (was eine Rückkehr zu den ganz frühen Erzählformen bedeutet), vor allem aber zu einem emanzipierten Rotkäppchen-Bild. Die Kleine wird immer intelligenter, selbstständiger und mutiger. Schon 1914 bringt das mit einem neuen Namen ausgestattete Kind in Pierre Camis Stück *Le petit chaperon vert* (»Das Grünkäppchen«) den Wolf mit hintergründigen Wortspielen aus dem Konzept und am Ende zum Rückzug: »Wo sind bloß die naiven Kinder von früher, die sich so leicht fressen ließen?!« grunzt er und trollt sich. 1939 geht Rotkäppchen in James Thurbers *The Girl and the Wolf* mit dem Revolver auf das Untier los.

Rotkäppchen:
»Ihr kennt nur den Wolf als getöteten Riesen,
doch mir hat er tief're Erkenntnis gewiesen.
(…) Wisst, dass in mir glüht und dass ich gebunden,
weil im Wolf ich mein innerstes Wesen gefunden.« (…)

Mutter:
»Rotkäppchen, Kind, du bist verrückt!
Der Wolf hat dein Gehirn erstickt!«

Jäger:
»Rotkäppchen, was mich zur Tat getrieben,
war allein die Hoffnung, dich zu lieben!« (…)

Rotkäppchen:
»Lebt wohl! Und lernt aus meinem Erdenwandeln
und handelt nicht hinfort – lasst euch behandeln!«[46]

Martin Mosebach

Wenn überhaupt pädagogische Überlegungen, dann neigt man heute eher dazu, dass ein starkes und selbstbewusstes Kind am ehesten gegen mögliche Missbrauchsgefahren gefeit ist. Zeitgenössische Mädchenidole wie Pippi Langstrumpf oder die Rote Zora haben mit dem schüchtern-naiven Dummchen von einst nur noch das Signalrot auf dem Kopf gemeinsam. Geoffrey de Pennart lässt »Rothütchen« dem bösen Wolf mit einem Kerzenleuchter eins überbraten und schon wird er handzahm, setzt sich brav mit Oma an den Kamin und wickelt Wolle ab. 2007 schafft es auch das verträumte, aber fantasiebegabte *Rotkäppchen* der Autorin Ulrike Persch, den Wolf mit Hilfe von Schattenspielen in die Flucht zu schlagen.

Dass gesellschaftliche Umbrüche und frische Denkformen auch die guten alten Märchen verändern, ist nichts Neues. Auch die Klassiker wie Basile, Perrault und die Brüder Grimm haben die Volksüberlieferung und die literarischen Vorgänger kräftig umgeschrieben und den jeweils aktuellen Bedürfnissen angepasst. Immer mehr Märchenforscher vertreten die Ansicht, dass die Sammlung der Brüder Grimm deutlich einen zeitgeschichtlichen Background erkennen lässt und dass dieser in Rotkäppchen besonders klare Spuren hinterlassen hat.

Little Red Riding Hood, Cappucetto rosso, Roodkapje fasziniert die Kinder (und nicht nur sie) in vielen Ländern bis heute, auf der Bühne, in Comics und Cartoons. Seit 1890, als das süße Ding für eine Seife namens STAR Reklame machte, wird es erfolgreich in der Werbung eingesetzt. Die Verfilmungen sind Legion; besonders interessant *Hoodwinked!* (deutsch: »Die Rotkäppchen-Verschwörung«), eine 2005 produzierte computeranimierte Kriminalgeschichte aus den USA. Rotkäppchen, Großmutter, der Wolf und ein Holzfäller (statt des Jägers) geben jeweils ihre Interpretation der verwirrenden Geschichte.
Der englische Fantasyfilm *Die Zeit der Wölfe* von Neil Jordan (1984) basiert auf Short Stories von Angela Carter – und unverkennbar auf Sigmund Freud: Die 13-jährige Rosaleen lässt sich von ihrer Großmutter beklemmende Geschichten vom Wolf im Manne erzählen und träumt sich im Bett eine von Wölfen bevölkerte mittelalterliche Welt zusammen. Eines Tages trifft sie im Wald auf einen Jäger …

Anfang des 19. Jahrhunderts, als die Grimms an ihren Kinder- und Hausmärchen (erstmals erschienen 1812) arbeiteten, ging das Deutsche Reich zugrunde, waren weite Teile Deutschlands von Frankreich besetzt, entstanden neue Königreiche. Das Herzogtum Hessen, wo die Brüder Grimm lebten, wurde aufgelöst und Westfalen dem neu gebildeten Königreich von Napoleons Gnaden einverleibt – bis Napoleon 1813 nach seiner Niederlage vor Moskau den Rückzug antrat.

Mit ihren »altdeutschen« Studien wollten die Brüder Grimm – keineswegs engherzige Nationalisten und alles andere als reaktionäre Fürstenknechte – ihren Beitrag zum Befreiungskampf gegen die Franzosen leisten. Versteckt findet man in Rotkäppchen jede Menge Hinweise. Die Befreiung des arglosen Rotkäppchens aus dem Bauch des tückischen, gierigen Untiers hat in einer Zeit drückender Fremdherrschaft einen eigenen Unterton. Als »Wolf« bezeichnen auch Kleist und Ernst Moritz Arndt den französischen Eindringling.

Andererseits erinnert Rotkäppchens auffallende Kopfbedeckung an die roten Mützen der Jakobiner, der radikalsten Anhänger der Französischen Revolution. In Ludwig Tiecks Drama hat Rotkäppchen vom frechen Rot geschwärmt (»Es geht doch keine Farbe über Rot!«), während die Großmama für ehrbare schwarze Kleidung plädierte. Entweder bringen die Brüder Grimm damit die Begeisterung der deutschen Demokraten – zu denen sie gehören – für die ursprünglichen Freiheitsideale der Revolution zum Ausdruck und erinnern Napoleons Besatzungstruppen sarkastisch daran, was aus ihnen geworden ist. Oder die rote Kappe soll als Symbol der Sorglosigkeit und Verführbarkeit gegenüber dem gefährlichen Wolf verstanden werden – was heißt, als ein kleines Lehrstück für die Deutschen mit ihrer »modischen Fortschritts- und Revolutionsspielerei«.[47]

An einem Sommermorgen saß ein Schneiderlein auf seinem Tisch am Fenster, war guter Dinge und nähte aus Leibeskräften. Da kam eine Bauersfrau die Straße herab und rief: »Gut Mus feil! Gut Mus feil!« Das klang dem Schneiderlein lieblich in die Ohren, es steckte sein zartes Haupt zum Fenster hinaus und rief: »Hier herauf, liebe Frau, hier wird sie die Ware los.« Die Frau stieg die drei Treppen mit ihrem schweren Korbe zu dem Schneider herauf und mußte die Töpfe sämtlich vor ihm auspacken. Er besah sie alle, hob sie in die Höhe, hielt die Nase dran und sagte endlich: »Das Mus scheint mir gut, wieg sie mir doch vier Lot ab, liebe Frau, wenn's auch ein Viertelpfund ist, kommt es mir nicht darauf an.« Die Frau, welche gehofft hatte, einen guten Absatz zu finden, gab ihm, was er verlangte, ging aber ganz ärgerlich und brummig fort. »Nun, das Mus soll mir Gott gesegnen«, rief das Schneiderlein, »und soll mir Kraft und Stärke geben«, holte das Brot aus dem Schrank, schnitt sich ein Stück über den ganzen Laib und strich das Mus darüber. »Das wird nicht bitter schmecken«, sprach es, »aber erst will ich das Wams fertigmachen, eh' ich anbeiße.« Es legte das Brot neben sich, nähte weiter und machte vor Freude immer größere Stiche. Indes stieg der Geruch von dem süßen Mus hinauf an die Wand, wo die Fliegen in großer Menge saßen, so daß sie herangelockt wurden und sich scharenweis darauf nieder ließen. »Ei, wer hat euch eingeladen?« sprach das Schneiderlein und jagte die ungebetenen Gäste fort. Die Fliegen aber ließen sich nicht abweisen, sondern kamen wieder. Da lief dem Schneiderlein endlich, wie man sagt, die Laus über die Leber, es langte aus seiner Hölle nach einem Tuchlappen und »wart, ich will es euch geben!« schlug es unbarmherzig drauf. Als es abzog und zählte, so lagen nicht weniger als sieben vor ihm tot und streckten die Beine. »Bist du so ein Kerl?« sprach es und mußte selbst seine Tapferkeit bewundern, »das soll die ganze Stadt erfahren.« Und in der Hast schnitt sich das Schneiderlein einen Gürtel, nähte ihn und stickte mit großen Buchstaben darauf:

»Siebene auf einen Streich!«

»Ei, was Stadt!« sprach es weiter, »die ganze Welt soll's erfahren!« Und sein Herz wackelte ihm vor Freude wie ein Lämmerschwänzchen.

Der Schneider band sich den Gürtel um den Leib und wollte in die Welt hinaus, weil er meinte, die Werkstätte sei zu klein für seine Tapferkeit. Eh' er abzog, suchte er im Haus herum, ob nichts da wäre, was er mitnehmen könnte, er fand aber nichts als einen alten Käs, den steckte er ein. Vor dem Tore bemerkte er einen Vogel, der sich im Gesträuch gefangen hatte, der mußte zu dem Käse in die Tasche. Nun nahm er den Weg tapfer zwischen die Beine, und weil er leicht und behend war, fühlte er keine Müdigkeit. Der Weg führte ihn auf einen Berg, und als er den höchsten Gipfel erreicht hatte, so saß da ein gewaltiger Riese und schaute sich ganz gemächlich um. Das Schneiderlein ging beherzt auf ihn zu, redete ihn an und sprach: »Guten Tag, Kamerad, gelt, du sitzest da und besiehst dir die weitläufige Welt? Ich bin eben auf dem Wege dahin und will mich versuchen. Hast du Lust mitzugehen?« Der Riese sah den Schneider verächtlich an und sprach: »Du Lump! Du miserabler Kerl!«

»Das wäre!« antwortete das Schneiderlein, knöpfte den Rock auf und zeigte dem Riesen den Gürtel, »da kannst du lesen, was ich für ein Mann bin.« Der Riese las: »Siebene auf einen Streich«, meinte, das wären Menschen gewesen, die der Schneider erschlagen hätte, und kriegte ein wenig Respekt vor dem kleinen Kerl. Doch wollte er ihn erst prüfen, nahm einen Stein in die Hand und drückte ihn zusammen, daß das Wasser heraus tropfte. »Das mach mir nach«, sprach der Riese, »wenn du Stärke hast.«

»Ist's weiter nichts?« sagte das Schneiderlein, »das ist bei unsereinem Spielwerk«, griff in die Tasche, holte den weichen Käs und drückte ihn, daß der Saft herauslief. »Gelt«, sprach er, »das war ein wenig besser?« Der Riese wußte nicht, was er sagen sollte, und konnte es von dem Männlein nicht glauben. Da hob der Riese einen Stein auf und warf ihn so hoch, daß man ihn mit Augen kaum noch sehen konnte: »Nun, du Erpelmännchen, das tu mir nach.«

»Gut geworfen«, sagte der Schneider, »aber der Stein hat doch wieder zur Erde herabfallen müssen; ich will dir einen werfen, der soll gar nicht wiederkommen«, griff in die Tasche, nahm den Vogel und warf ihn in die Luft. Der Vogel, froh über seine Freiheit, stieg auf, flog fort und kam nicht wieder. »Wie gefällt dir das Stückchen, Kamerad?« fragte der Schneider. »Werfen kannst du wohl«, sagte der Riese, »aber nun wollen wir sehen, ob du im Stande bist, etwas Ordentliches zu tragen.« Er führte das Schneiderlein zu einem mächtigen Eichbaum, der da gefällt auf dem Boden lag, und sagte: »Wenn du stark genug bist, so hilf mir den Baum tragen.«

»Gerne», antwortete der kleine Mann, »nimm du nur den Stamm, ich will die Piste mit dem Gezweig aufheben und tragen, das ist doch das Schwerste.« Der Riese nahm den Stamm auf die Schulter, der Schneider aber setzte sich auf einen Ast, und der Riese, der sich nicht umsehen konnte, mußte den ganzen Baum und das Schneiderlein noch obendrein forttragen. Es war da hinten ganz lustig und guter Dinge, pfiff das Liedchen: ›Es ritten drei Schneider zum Tore hinaus‹, als wäre das Baumtragen ein Kinderspiel. Der Riese, nachdem er ein Stück Wegs die schwere Last fortgeschleppt hatte, konnte nicht weiter und rief: »Hör, ich muß den Baum fallen lassen.« Der Schneider sprang herab, faßte den Baum mit beiden Armen, als wenn er ihn getragen hätte, und sprach zum Riesen: »Du bist ein so großer Kerl und kannst den Baum nicht einmal tragen.«

Sie gingen zusammen weiter, und als sie an einem Kirschbaum vorbei kamen, faßte der Riese die Krone des Baumes, wo die zeitigsten Früchte hingen, bog sie herab, gab sie dem Schneider in die Hand und hieß ihn essen. Das Schneiderlein aber war viel zu schwach, um den Baum zu halten, und als der Riese losließ, fuhr der Baum in die Höhe, und der Schneider ward mit in die Luft geschnellt. Als er wieder ohne Schaden herabgefallen war, sprach der Riese: »Was ist das, hast du nicht Kraft, die schwache Gerte zu halten?«

»An der Kraft fehlt es nicht«, antwortete das Schneiderlein, »meinst du, das wäre etwas für einen, der siebene mit einem Streich getroffen hat? Ich bin über den Baum gesprungen, weil die Jäger da unten in das Gebüsch schießen. Spring nach, wenn du's vermagst.« Der Riese machte den Versuch, konnte aber nicht über den Baum kommen, sondern blieb in den Ästen hängen.

Der Riese sprach: »Wenn du so ein tapferer Kerl bist, so komm mit in unsere Höhle und übernachte bei uns.« Als sie in der Höhle anlangten, saßen da noch andere Riesen beim Feuer, und jeder hatte ein gebratenes Schaf in der Hand und aß davon. Das Schneiderlein sah sich um und dachte: ›Es ist doch hier viel weitläufiger als in meiner Werkstatt.‹ Der Riese wies ihm ein Bett an und sagte, er sollte sich hineinlegen und ausschlafen. Dem Schneiderlein war aber das Bett zu groß; es legte sich nicht hinein, sondern kroch in eine Ecke. Als es Mitternacht war und der Riese meinte, das Schneiderlein läge in tiefem Schlafe, so stand er auf, nahm eine große Eisenstange und schlug das Bett mit einem Schlag durch und meinte, er hätte dem Grashüpfer den Garaus gemacht. Mit dem frühsten Morgen gingen die Riesen in den Wald und hatten das Schneiderlein ganz vergessen; da kam es auf einmal ganz lustig und verwegen dahergeschritten. Die Riesen erschraken und liefen in Hast fort.

Das Schneiderlein zog weiter, immer seiner spitzen Nase nach. Nachdem es lange gewandert war, kam es in den Hof eines königlichen Palastes, und da es Müdigkeit empfand, so legte es sich ins Gras und schlief ein. Während es da lag, kamen die Leute, betrachteten es von allen Seiten und lasen auf dem Gürtel: ›Siebene auf einen Streich‹.

»Ach«, sprachen sie, »was will der große Kriegsheld hier mitten im Frieden? Das muß ein mächtiger Herr sein.« Sie gingen und meldeten es dem König und meinten, wenn Krieg ausbrechen sollte, wäre das ein wichtiger und nützlicher Mann, den man um keinen Preis fortlassen dürfte. Dem König gefiel der Rat, und er schickte einen von seinen Hofleuten an das Schneiderlein ab, der sollte ihm, wenn es aufgewacht wäre, Kriegsdienste anbieten. Der Abgesandte blieb bei dem Schläfer stehen, wartete, bis er seine Glieder streckte und die Augen aufschlug, und brachte dann seinen Antrag vor. »Ebendeshalb bin ich hierhergekommen«, antwortete er, »ich bin bereit, in des Königs Dienste zu treten.« Also ward er ehrenvoll empfangen und ihm eine besondere Wohnung angewiesen.

Die Kriegsleute aber waren dem Schneiderlein unhold und wünschten, es wäre tausend Meilen weit weg. »Was soll daraus werden?« sprachen sie untereinander, »wenn wir Zank mit ihm kriegen und er haut zu, so fallen auf jeden Streich siebene. Da kann unsereiner nicht bestehen.« Also faßten sie einen Entschluß, begaben sich allesamt zum König und baten um ihren Abschied. »Wir sind nicht gemacht«, sprachen sie, »neben einem Mann auszuhalten, der siebene auf einen Streich schlägt.« Der König war traurig, daß er um des einen willen alle seine treuen Diener verlieren sollte, und wäre ihn gerne wieder los gewesen. Aber er getraute sich nicht, ihm den Abschied zu geben, weil er fürchtete, er möchte ihn samt seinem Volke totschlagen und sich auf den königlichen Thron setzen. Er sann lange hin und her; endlich fand er einen Rat. Er schickte zu dem Schneiderlein und ließ ihm sagen, weil es ein so großer Kriegsheld wäre, so wollte er ihm ein Anerbieten machen. In einem Walde seines Landes hausten zwei Riesen, die mit Rauben, Morden, Sengen und Brennen großen Schaden stifteten; niemand dürfte sich ihnen nahen, ohne sich in Lebensgefahr zu setzen. Wenn er diese beiden Riesen überwände und tötete, so wollte er ihm seine einzige Tochter zur Gemahlin geben und das halbe Königreich zur Ehesteuer; auch sollten hundert Reiter mitziehen und ihm Beistand leisten. ›Das wäre so etwas für einen Mann, wie du bist‹, dachte das Schneiderlein, ›eine schöne Königstochter und ein halbes Königreich wird einem nicht alle Tage angeboten.‹

»O ja«, gab er zur Antwort, »die Riesen will ich schon bändigen und habe die hundert Reiter dabei nicht nötig, wer siebene auf einen Streich trifft, fürchtet sich nicht vor zweien.«

Das Schneiderlein zog aus, und die hundert Reiter folgten ihm. Als es zu dem Rand des Waldes kam, sprach es zu seinen

Begleitern: »Bleibt hier nur halten, ich will schon allein mit den Riesen fertig werden.« Dann sprang es in den Wald hinein und schaute sich rechts und links um. Über ein Weilchen erblickte es beide Riesen, sie lagen unter einem Baume und schliefen und schnarchten dabei, daß sich die Äste auf und nieder bogen. Das Schneiderlein, nicht faul, las beide Taschen voll Steine und stieg damit auf den Baum. Als es in der Mitte war, rutschte es auf einen Ast, bis es gerade über die Schläfer zu sitzen kam, und ließ dem einen Riesen einen Stein nach dem andern auf die Brust fallen. Der Riese spürte lange nichts, doch endlich wachte er auf, stieß seinen Gesellen an und sprach: »Was schlägst du mich?«

»Du träumst«, sagte der andere, »ich schlage dich nicht.« Sie legten sich wieder zum Schlaf, da warf der Schneider auf den zweiten einen Stein herab. »Was soll das?« rief der andere, »warum wirfst du mich?«

»Ich werfe dich nicht«, antwortete der erste und brummte. Sie zankten sich eine Weile herum, doch weil sie müde waren, ließen sie's gut sein, und die Augen fielen ihnen wieder zu. Das Schneiderlein fing sein Spiel von neuem an, suchte den dicksten Stein aus und warf ihn dem ersten Riesen mit aller Gewalt auf die Brust. »Das ist zu arg!« schrie er, sprang wie ein Unsinniger auf und stieß seinen Gesellen wider den Baum, daß dieser zitterte. Der andere zahlte mit gleicher Münze, und sie gerieten in solche Wut, daß sie Bäume ausrissen, aufeinander losschlugen, so lang, bis sie endlich beide zugleich tot auf die Erde fielen. Nun sprang das Schneiderlein herab. »Ein Glück nur«, sprach es, »daß sie den Baum, auf dem ich saß, nicht ausgerissen haben, sonst hätte ich wie ein Eichhörnchen auf einen andern springen müssen!« Es zog sein Schwert und versetzte jedem ein paar tüchtige Hiebe in die Brust; dann ging es hinaus zu den Reitern und sprach: »Die Arbeit ist getan, ich habe beiden den Garaus gemacht. Aber hart ist es hergegangen, sie haben in der Not Bäume ausgerissen und sich gewehrt, doch das hilft alles nichts, wenn einer kommt wie ich.«

»Seid Ihr denn nicht verwundet?« fragten die Reiter. »Das hat gute Wege«, antwortete der Schneider, »kein Haar haben sie mir gekrümmt.« Die Reiter wollten ihm keinen Glauben beimessen und ritten in den Wald hinein. Da fanden sie die Riesen in ihrem Blute schwimmend und ringsherum lagen die ausgerissenen Bäume. Das Schneiderlein verlangte von dem König die versprochene Belohnung; den aber reute sein Versprechen, und er sann aufs neue, wie er sich den Helden vom Halse schaffen könnte. »Ehe du meine Tochter und das halbe Reich erhältst«, sprach er zu ihm, »mußt du noch eine Heldentat vollbringen. In dem Walde läuft ein Einhorn, das großen Schaden anrichtet, das mußt du erst einfangen.«

»Vor einem Einhorne fürchte ich mich noch weniger als vor zwei Riesen; siebene auf einen Streich, das ist meine Sache.« Es nahm sich einen Strick und eine Axt mit, ging hinaus in den Wald und hieß abermals die, welche ihm zugeordnet waren, außen warten. Es brauchte nicht lange zu suchen, das Einhorn kam bald daher und sprang geradezu auf den Schneider los, als wollte es ihn ohne Umstände aufspießen. »Sachte, sachte«, sprach er, »so geschwind geht das nicht«, blieb stehen und wartete, bis das Tier ganz nahe war, dann sprang er behendiglich hinter den Baum. Das Einhorn rannte mit aller Kraft gegen den Baum und spießte sein Horn so fest in den Stamm, daß es nicht Kraft genug hatte, es wieder herauszuziehen, und so war es gefangen. »Jetzt hab' ich das Vöglein«, sagte der Schneider, kam hinter dem Baum hervor, legte dem Einhorn den Strick erst um den Hals, dann hieb er mit der Axt das Horn aus dem Baum, und als alles in Ordnung war, führte er das Tier ab und brachte es dem König.

Der König wollte ihm den verheißenen Lohn noch nicht gewähren und machte eine dritte Forderung. Der Schneider sollte ihm vor der Hochzeit erst ein Wildschwein fangen, das in dem Wald großen Schaden tat; die Jäger sollten ihm Beistand leisten. »Gerne«, sprach der Schneider, »das ist ein Kinderspiel.« Die Jäger nahm er nicht mit in den Wald, und sie waren's wohl zufrieden; denn das Wildschwein hatte sie schon mehrmals so empfangen, daß sie keine Lust hatten, ihm nachzustellen. Als das Schwein den Schneider erblickte, lief es mit schäumendem Munde und wetzenden Zähnen auf ihn zu und wollte ihn zur Erde werfen. Der flüchtige Held aber sprang in eine Kapelle, die in der Nähe war, und gleich oben zum Fenster in einem Satze wieder hinaus. Das Schwein war hinter ihm hergelaufen, er aber hüpfte außen herum und schlug die Tür hinter ihm zu; da war das wütende Tier gefangen, das viel zu schwer und unbehilflich war, um zum Fenster hinauszuspringen. Das Schneiderlein rief die Jäger herbei, die mußten den Gefangenen mit eigenen Augen sehen. Der Held aber begab sich zum Könige, der nun sein Versprechen halten mußte, ihm seine Tochter und das halbe Königreich übergab.

Nach einiger Zeit hörte die junge Königin in der Nacht, wie ihr Gemahl im Traume sprach: »Junge, mach mir das Wams und flick mir die Hosen, oder ich will dir die Elle über die Ohren schlagen.« Da merkte sie, in welcher Gasse der junge Herr geboren war, klagte ihrem Vater ihr Leid, und bat, er möchte ihr von dem Manne abhelfen, der nichts anderes als ein Schneider wäre. Der König sprach ihr Trost zu und sagte: »Laß in der nächsten Nacht deine Schlafkammer offen; meine Diener sollen außen stehen und, wenn er eingeschlafen ist, hineingehen, ihn binden und auf ein Schiff tragen, das ihn in die weite Welt führt.« Die Frau war damit zufrieden, des Königs Waffenträger aber, der alles mitangehört hatte, war dem jungen Herrn gewogen und hinterbrachte ihm den ganzen Anschlag. »Dem Ding will ich einen Riegel vorschieben«, sagte das Schneiderlein. Abends legte es sich zu gewöhnlicher Zeit mit seiner Frau zu Bett. Als sie glaubte, es sei eingeschlafen, stand sie auf, öffnete die Tür und legte sich wieder. Das Schneiderlein, das sich nur stellte, als wenn es schlief, fing an, mit heller Stimme zu rufen: »Junge, mach mir das Wams und flick mir die Hosen, oder ich will dir die Elle über die Ohren schlagen! Ich habe siebene mit einem Streich getroffen, zwei Riesen getötet, ein Einhorn fortgeführt und ein Wildschwein gefangen und sollte mich vor denen fürchten, die draußen vor der Kammer stehen?« Als diese den Schneider also sprechen hörten, überkam sie eine große Furcht; sie liefen voller Angst davon und also war und blieb das Schneiderlein sein Lebtag ein König.

Lao-Tzû, die Brüder Grimm und die Leichtigkeit des Seins

Das tapfere Schneiderlein oder: Warum Tricks erlaubt sind

Ein Erfolgsgeheimnis der Märchen liegt darin, dass wir uns so gern mit ihren Heldinnen und Helden identifizieren. Wir bangen mit, wenn die Hexe den armen Hänsel schlachten will und der Menschenfresser Jagd auf den tapferen Däumling macht. Wir sind erleichtert, als dem scheinbar toten Schneewittchen in seinem Glassarg der giftige Apfelbissen aus dem Hals springt. Und freuen uns mächtig, wenn der gutmütige Dummerjan alle Abenteuer besteht und die schöne Prinzessin bekommt.

Vor allem die Antihelden können mit unserer Sympathie rechnen: die von Eltern und Geschwistern unterschätzten Schwächlinge, die unbeholfenen Dummköpfe, die plötzlich Einfallsreichtum und Kreativität beweisen und all ihren hochnäsigen Rivalen damit turmhoch überlegen sind. Aber das Schneiderlein?

Seine Abenteuer verfolgen wir mit gemischten Gefühlen. Statt »Das tapfere Schneiderlein« könnte das Märchen ja auch »Der größenwahnsinnige Aufschneider« heißen – zumindest am Anfang. Das Schneiderlein ist nicht nur tapfer und schlau, sondern auch ein notorischer Lügner, Prahler und Trickser. Und so einer kriegt am Ende ein halbes Königreich samt Prinzessin, Schloss und Butler?

Ein Schneider mit Spielerqualitäten

Bei näherem Hinsehen ebbt der Ärger – hoffentlich – ab. Denn dem Schneiderlein fällt sein Glück nicht einfach unverdient in den Schoß. Wagemut, Intuition und Einfühlungsvermögen muss es beweisen. Spielerqualitäten sind gefragt: das blitzschnelle richtige Einschätzen des Gegners, intelligente Täuschungsmanöver, das Ausnutzen fremder Schwächen und geschickt getarnte Schachzüge, mit denen der andere nicht gerechnet hat. Unter heutigen Bedingungen hätte das Schneiderlein keine Königstochter gewonnen, wäre aber wohl ein erfolgreicher Politiker geworden. Spielerqualitäten haben nicht viel mit Moral zu tun, eine Leistung sind sie allemal.

Darum sind solche Geschichten von dummen Tröpfen, abgedankten Soldaten, Müllerssöhnen und Schweinehirten, die ausziehen, um ihr Glück zu suchen, und mit Dreistigkeit, zäher Ausdauer und kluger List Königreiche und hübsche Prinzessinnen ergattern, in den Märchensammlungen zahlreich vertreten. Weil ihre Moral zwar ziemlich unmoralisch ist, aber sehr menschlich, praktisch und alltagstauglich: Auch der Kleine, Schwache, intellektuell Minderbegabte kann mit List, Mut und Entschlossenheit sein Glück machen. Das scheinbar eisern vorbestimmte Schicksal lässt sich überlisten. Gesunder Menschenverstand, ein scharfes Auge, Hartnäckigkeit und die Fähigkeit, Freunde zu gewinnen, sind wichtiger als Geld, Prestige oder gute Zeugnisse. Tricks sind bisweilen legitim – schon deshalb, weil sie zu gewaltfreien Konfliktlösungen beitragen können.

Von einem König, Schneider, Riesen, Einhorn hieß das Märchen in den ersten handschriftlichen Vorarbeiten von Wilhelm Grimm, und es sollte in den *Kinder- und Hausmärchen* ursprünglich an erster Stelle stehen. Grimm, der von ihm sehr geschätzte Clemens Brentano und später Ludwig Bechstein verwendeten in ihren Bearbeitungen des alten Märchenstoffes alle dieselbe Vorlage: eine Mitte des 16. Jahrhunderts unter dem schönen Titel *Wegkürtzer* von Martin Montanus publizierte Sammlung von Schwänken. Grimm bediente sich zusätzlich aus hessischen Überlieferungen.

Die sogenannten **Trickstermärchen** sind in der ganzen Welt verbreitet, von den antiken Geschichten über den verschlagenen, bisweilen recht gewissenlosen Hermes oder Merkur, wie der Gott der reisenden Kaufleute und der Diebe bei Griechen und Römern hieß, bis zum kabylischen Schelmenmärchen *Hemmed L'Hascheschi* (Hemmed, der Haschischfresser): Der junge Hemmed flieht aus seinem Vaterkonflikt in größenwahnsinnige Allmachtsträume – und vor einem brüllenden Löwen auf einen Baum. Dabei fällt ihm ein Beutel voll Tabak aus den Kleidern, landet exakt im Rachen des Löwen und betäubt ihn so nachhaltig, dass er sich von Hemmed als lammfrommes Reittier benutzen lässt. Parallelen finden sich im *Gestiefelten Kater* und im englischen Märchen *Jack und die Bohnenranke*. Alle diese *Trickster* besiegen Gefahren und beeindrucken Mitmenschen nicht durch körperliche Stärke oder ausgeklügelte Strategien, sondern durch Tricks und blitzschnelles, listiges Reagieren.

2008 überraschte ein Märchenforscher mit der Theorie, das *Tapfere Schneiderlein* sei als Parodie auf die damals in der Romantik so populären Ritterromane gedacht gewesen.

Eigentlich führt er sich ganz liebenswürdig bei uns ein, der Schneider, als er noch nicht *Superman* spielt, sondern zufrieden auf seinem Fensterplatz sitzt und »aus Leibeskräften« näht. Was sofort an ein schmächtiges Bürschchen denken lässt, dem schon die Ausübung seines achtbaren Handwerks den

Schweiß auf die Stirn treibt. Kein Wunder, dass das Schneiderlein so stolz auf den heldenhaften Kampf mit den Fliegen sein wird!

Aber erst einmal näht es fleißig, freut sich des Lebens, schaut ab und zu hinaus in die Morgensonne und erspäht eine Bauersfrau, die Pflaumen- oder Apfelmus verkauft. Dass der dürre, aber leiblichen Genüssen durchaus nicht abholde Schneider das schwer bepackte Weiblein drei Treppen hinauf beordert, sämtliche Töpfe gründlich begutachtet und am Ende mit großer Geste eine lächerliche Menge kauft, spricht nicht gegen ihn, sondern offenbart Sparsamkeit, planvoll-kritisches Verbraucherverhalten – und Selbstbewusstsein.

Am Anfang der Geschichte erscheint der Schneider als Musterexemplar stillvergnügter Lebensfreude. Er kennt die schöne *Leichtigkeit des Seins* und nimmt die täglichen Sorgen nicht allzu schwer. Er legt sich keinen Musvorrat für Notzeiten an, sondern nascht ein bisschen, weil er Lust dazu hat. So jemand bewahrt sich seine Freiheit und Gelassenheit, auch wenn ihn das Leben mal hart anpackt.

Supermans Kraftgürtel: »Siebene auf einen Streich!«

Als er den ungebetenen Tischgästen mit einem Lappen zu Leibe rückt und gleich sieben Fliegen auf einmal trifft, wird aus unserem bescheidenen Lebenskünstler urplötzlich ein prahlerischer Schwadroneur. Aber eigentlich nutzt er nur seine Fähigkeit zur Situationskomik, zum spielerischen Umgang mit dem Leben, die wir schon kennen. Statt sich über die verdorbene Delikatesse zu ärgern – überall tote Fliegen, im Mustopf, am Lappen, auf dem Tisch! –, stickt er sich eine Siegerparole auf den Gürtel und zieht in die Welt hinaus, um jetzt einmal richtige Abenteuer zu erleben. Wie er das anstellen will, weiß er noch nicht, und es ist ja auch nicht wichtig. In seine Schneiderwerkstatt kann er jederzeit zurückkehren.

Wie in vielen Märchen signalisiert der Aufbruch zur Wanderung eine tiefgreifende Lebensveränderung. Oft ist es ein Wald, geheimnisvoll, groß, düster und lichtdurchflutet zugleich, voll drohender Gefahren und doch auch Geborgenheit spendend, in dem sich der Wandel vollzieht. Ein Niemand, verlacht und verspottet, stapft in den Wald – und kommt als Held und König wieder heraus, weil er hier überweltlichen Mächten begegnet ist und Lernerfahrungen gemacht hat.

Varianten: Im Siegerland wird von einem Schneider *Johann Unverzagt* erzählt, der auf der Wanderschaft ein Butterbrot isst und mit einem Schlag 175 Fliegen umbringt, die sich auf seine Wegzehrung gesetzt haben. Im Oberwallis sind es genau 100 Fliegen, und am Ende des Märchens schlägt das Schneiderlein ein ganzes Heer in die Flucht, weil er sich die Nase mit einem Flaschenkorken verstopft und den Soldaten erläutert: »Den Korken darf ich nicht herausnehmen, sonst blase ich euch alle zusammen in die Luft!«
Im Oberinntal gibt es die Sage von einem Bettelmännlein, das einem gefährlichen »wilden Mann« seinen Geldbeutel stiehlt. Während es vor seinem Verfolger davonläuft, steckt es sich ein Lämmchen in den Hemdschlitz, schneidet es auf, schleudert die Gedärme auf den Weg – und der dumme »wilde Mann« will es ihm nachmachen, um besser laufen zu können, schlitzt sich selbst den Bauch auf »und geistert aus«. Eine traurige Variante ist aus der Mark Brandenburg überliefert: Als allerletzte Probe vor der anvisierten Hochzeit befiehlt der König dem Schneiderlein, »der Sonne nachzureiten«. Dabei achtet es nicht auf den Weg und versinkt mit seinem Schimmel im Sumpf, »und wenn sie keiner herausgezogen hat, sitzen sie heute noch drin«.

»Siebene auf einen Streich!« Angeberei, Größenwahn, gar eine Lebenslüge? Wie die meisten seelischen Bedürfnisse haben auch die sogenannten Größenfantasien zwei Seiten. Wer sich maßlos überschätzt, gerät schnell in Gefahr, weil er Risiken nicht mehr kalkulieren kann. Wer nur Bewunderer um sich scharen will, wird bald keine Freunde mehr haben. Aber Größenfantasien haben auch etwas Heilendes und Befreiendes. Wer etwas erreichen will, muss sich zuerst etwas zutrauen. Wer an den eigenen Kräften zweifelt, vermag nur schwer andere zu überzeugen. Van Gogh und Beethoven, Madonna und Barack Obama (und leider auch Dieter Bohlen) haben erst einmal unerschütterlich an sich geglaubt, bevor es andere getan haben.

Wieviel mehr muss es so ein kleiner, schmächtiger Schneider tun – oder heutzutage ein in der Klasse kaum beachteter Schuljunge ohne Muskeln und Fußballbegabung oder ein pickeliges Mädchen, das sich viel zu flachbrüstig findet, oder ein Langzeitarbeitsloser über 40. Träume beflügeln und verwandeln, weil sie den Blick für die brachliegenden eigenen Stärken schärfen. Manchmal hilft auch ein Symbol wie der »Kraftgürtel«, den unser Schneiderlein mit dem germanischen Donnergott Thor gemeinsam hat.

Na gut, der Fliegentöter schwindelt ein bisschen, um seine Mitmenschen zu beeindrucken – aber auch dieses Flunkern hat eine gute Seite: Wie jeder begabte Werbefachmann übertreibt er seine Stärken und spielt die Schwächen herunter. Souverän beansprucht das Schneiderlein die Interpretationshoheit über das eigene Leben. Es spielt mit der Realität; es gibt ihr neue Namen und Inhalte und probiert eine ganz andere Identität aus. Das kann gefährlich schief gehen, aber auch inspirieren und ungeahnte Möglichkeiten eröffnen.

Geistige Beweglichkeit gegen dumpfe Gewalt

Aus dem »Werbelogo« auf dem Kraftgürtel hat der erfahrene Märchenleser längst seine Schlüsse gezogen: »Siebene auf einen Streich«, dahinter steckt die heilige Zahl Sieben, die in den meisten Kulturen und Religionen das Ganze, die Fülle, die Vollendung bezeichnet. Es gibt sieben Weltwunder, sieben Wochentage, sieben Todsünden, sieben Himmel bei den Buddhisten und sieben Sakramente bei den Katholiken, sieben Schöpfungstage in der Bibel und sieben Raben, sieben Zwerge, sieben Reisen Sindbads im Märchen.

Wer sieben Feinde – kein Mensch weiß, dass es nur Fliegen waren – mit einem einzigen Hieb erledigt hat, muss ein unvergleichlicher Held sein. Deshalb behandelt der ungeschlachte Riese den Dreikäsehoch sofort mit misstrauischem Respekt; deshalb kriegt es der König bald mit der Angst zu tun und bereut seinen Entschluss, den vermeintlichen Kriegshelden in seine Dienste genommen zu haben.

Doch der Schneider ist mehr als ein Aufschneider und seine Talente bestehen nicht bloß aus flotten Sprüchen. Mit traumwandlerischer Sicherheit nutzt er die Gelegenheiten und Hilfsinstrumente, die ihm auf seiner Wanderung in den Weg kommen: einen ranzigen Käse, ein aus dem Gestrüpp befreites Vöglein, den Baum, auf dem er sich vor den Riesen versteckt, die Hütte, in die er das Wildschwein lenkt.

Natürlich hat das Schneiderlein auch eine große Portion Glück, das wird man ihm nicht vorwerfen. Vor allem weiß es um die eigenen Schwächen und Grenzen. Hinter seiner Prahlerei steht verblüffenderweise auch kluge Selbstbescheidung. Das Schneiderlein weiß, ein Riese kann es auch mit noch soviel Krafttraining nicht werden – also verzichtet es darauf, sich auf dem Feld der körperlichen Stärke mit den Muskelmännern zu messen, und verlässt sich lieber auf seine Schlauheit und Behendigkeit. Womit es der dummen, blinden, destruktiven Aggression seiner Gegner von vornherein überlegen ist. Kämpfe werden nicht nur durch Muskelstärke und Hochrüstung gewonnen, Konflikte lassen sich durch Gespräch und Klugheit oft besser lösen als durch blanke Gewalt.

David und Goliat heißt die biblische Variante des Märchens (1 Sam 17). Der stärkste Kämpfer der Philister namens Goliat, ein drei Meter großer Hüne, fordert die Israeliten heraus. Doch nur der junge Schafhirte David wagt im Vertrauen auf Gottes Hilfe dem Koloss gegenüberzutreten – ohne Rüstung und Schwert, weil beides zu schwer für ihn ist. Nur mit einer Steinschleuder bewaffnet, marschiert er auf den mit Krummschwert, Speer und Schuppenpanzer ausgerüsteten Feind los, trifft ihn mit einem Kieselstein an der Stirn – und gewinnt den Krieg für Israel. Und nebenbei die Tochter des Königs. Er wird Jerusalem zur Residenzstadt machen und eine Dynastie begründen, deren Herrschaft Jahrhunderte währt.
Ziemlich dreist berief sich drei Jahrtausende später der geniale Mathematiker und Firmengründer Yuchun Lee auf den alten Mythos: »Wie David gegen Goliat« habe er als Student mit ein paar Freunden und einer geschickten Methode Spielcasinos in Las Vegas und Atlantic City gesprengt und beim Black Jack fast jedes Mal die Bank geschlagen. Seine Erfolge verdankte er der Wahrscheinlichkeitsrechnung: Beim *Black Jack* beeinflussen die bereits gespielten Karten die beim nächsten Mal drankommenden. Ein paar Studenten aus dem gut trainierten Team mussten also nur die Karten an einem Spieltisch zählen und ihren Kommilitonen am anderen Tisch unauffällig Zeichen geben – nicht ganz anständig, aber legal. 2008 kam der Film *21* von und mit Kevin Spacey in die Kinos, der auf dieser wahren Geschichte basiert.

Vielleicht hätte so manch dumpfer Neonazi einen besseren Weg genommen, hätte man ihm im Kindergarten das Märchen vom tapferen Schneiderlein erzählt und klar gemacht, dass geistige Beweglichkeit weiter führt als das Hantieren mit Baseballschlägern. Vielleicht haben Gandhi, Martin Luther King und die friedlichen Demonstranten von Leipzig und Ostberlin solche Geschichten gekannt und daraus gelernt. Weiches Wasser bricht den Stein – keineswegs nur im Märchenwunderland, sondern auch in der Politik.

Was schon der chinesische Weise Lao-tzû wusste: Handle, indem du dich geschmeidig den natürlichen Abläufen anpasst, heißt es in seinem Klassiker Tao-tê-ching (»Weg zum Leben«) und überhaupt im Taoismus, für den er steht. Greife nicht in die kosmische Ordnung ein, sondern nutze diese Abläufe, leicht, spontan, ohne bewusste Anstrengung. »Handeln durch Nichthandeln«, sagt man in China, und: »Nicht machen – und doch bleibt nichts ungetan.«

Und dann hat der Schneider noch einen Berufsvorteil: Die Kunst des schönen Scheins beherrscht er perfekt. Er weiß, wie man ein schüchternes Männchen zum coolen Typ macht und eine Landpomeranze zur halbwegs eleganten Dame. Weil er sich im Styling so gut auskennt, vermag er auch schnell hinter fremde Fassaden zu blicken, einfühlsam, verständnisvoll, aber auch gnadenlos die Schwächen des anderen ausnutzend. Er begreift sofort, wie hilflos die schwerfälligen Riesen unter ihrem Kraftpanzer sind und welche Angst der großmächtige König vor ihm hat.

Bis heute wirkt das Märchen in Filmadaptionen (ein ganz früher Trickfilm von Walt Disney, *The Brave Little Tailor,* zeigte 1938 Mickey Mouse in der Rolle des Schneiderleins) und pfiffigen Werbeideen weiter: Änderungsschneidereien und Kindertagesstätten nennen sich nach dem *Tapferen Schneiderlein*. Der junge serbische Modedesigner Bogomir Doringer wurde 2008 beim *World Fashion Film Festival* in Paris und Berlin ausgezeichnet und verriet dabei sein Erfolgsrezept: Bei den Belgrader Modewochen sei das Gerücht aufgekommen, er habe in Tokio Mode studiert und bereits zahlreiche Entwürfe gestaltet. Doringer nutzte diesen Nimbus, erzählte von japanischen Erfahrungen, die er nicht hatte, und präsentierte tatsächlich innerhalb von zwei Wochen eine eigene Kollektion. Doringer: »Ich glaube, als Teenager war ich wie das tapfere Schneiderlein. Mode war für mich ein einfacher Weg, um mit all den Prominenten, mit Politikern und Filmstars, in Kontakt zu kommen und sie mit unangenehmen Wahrheiten zu konfrontieren.«

Das Einhorn, die Wildsau und die verbotenen Wünsche

All das erzählt das Märchen nach seinen eigenen Gesetzen. Die Handlung schreitet in dramatischer Zuspitzung fort, die Kämpfe und Mutproben, die das Schneiderlein zu absolvieren hat, wiederholen sich, während sich der Schwierigkeitsgrad steigert – das macht diese Geschichten so spannend und unterhaltsam. Man weiß irgendwie, wie es weitergehen wird, und darf sich doch überraschen lassen.

Deshalb hat sich eine spätere, die Abläufe vereinfachende Märchenversion nicht halten können, wonach der König nach dem Tod der Riesen den listigen Schneider sogleich zu seinem Nachfolger macht. Viel zu einfallslos. In der alten Fassung ersinnt der König immer neue gefährliche Aufgaben, um den – unberechenbaren und nicht blaublütigen – Tausendsassa von Thron und Töchterchen fernzuhalten. Selbstverständlich vergeblich.

Interessant sind die symbolträchtigen Tiere und Fabelwesen, die sich im geheimnisvollen Wald, auf der klassischen Märchenbühne also, herumtreiben: Das Einhorn gilt als Inbegriff der Stärke und Reinheit (entspringt sein phallusähnliches Horn doch der Stirn, in dem der Geist wohnt), nur eine Jungfrau kann es fangen und zähmen. Der Schneider ist keine Jungfrau, aber gewitzt und ein hervorragender Beobachter: Getreu den Regeln des Lao-tzû und wie ein erfahrener Torero lässt er den Angriff des Gegners ins Leere laufen und macht ihn dort kampfunfähig, wo das Zentrum seiner Kraft und seine gefährliche Waffe sitzt: am Horn, mit dem er jetzt hilflos im Baumstamm feststeckt.

Das Wildschwein verkörpert zunächst ebenfalls ein bedrohliches Monster, eine Kampfmaschine mit bisweilen – in der mittelalterlichen Kunst – dämonischen Zügen. Psychologisch versierte Märchendeuter(innen) sehen in der Wildsau aber auch einen Hinweis auf verschüttete vitale Bedürfnisse und verbotene Wünsche. »Die Sau rauslassen«, danach sehnen sich alle, die ihre Lüste unterdrücken und ihre Triebe verleugnen müssen, und danach sehnt sich gewiss auch das dürre, schlecht verdienende Schneiderlein, das von den Schönen im Städtchen bisher wohl nur träumen konnte.

Wer sich dem inneren »Wildschwein« stellt, wagt in die eigenen Abgründe hinabzusteigen und zu prüfen, ob Lust und Genuss tatsächlich die Ordnung und die Liebe zerstören, wie die humorlosen Prediger einer angstbesetzten Zwangsmoral behaupten – und fühlt sich am Ende, wenn er sich nur traut, möglicherweise »sauwohl«.

Nein, die Mächtigen – König und Prinzessin und Hofschranzen – können das schlaue Schneiderlein auf seinem Weg nach ganz oben nicht stoppen. Die Hochzeit, die boshafte Anmerkung können sich die Brüder Grimm in einer früheren Fassung nicht verkneifen, wird »mit großer Pracht und kleiner Freude« gefeiert, und natürlich sind die Probleme für den kleinen Prahlhans damit noch nicht zu Ende. Die junge Königin hört ihn im Traum von der Schneiderwerkstatt reden, und wer will ihr verdenken, dass ihre Freude an dieser Ehe nun am Nullpunkt angekommen ist. Vermutlich hat sie sich einen sportlichen Jäger und Fechter mit durchtrainierter Figur und wallenden blonden Haaren als Prinzgemahl vorgestellt und keinen blassen Schneider – auch wenn der noch so tapfer und gewitzt sein mag.

Der Emporkömmling ist jetzt entlarvt, was freilich nichts ändert. Wieder lässt er sich einen Trick einfallen, jagt das Verhaftungskommando in die Flucht und bleibt »sein Lebtag ein König«. Kein sehr befriedigender Märchenschluss; es hätte uns besser gefallen, hätte das Schneiderlein sein Schwindeln aufgegeben und am Ende durch entwaffnende Aufrichtigkeit vielleicht doch noch die Sympathie der Königstochter gewonnen. Wie werden die beiden auf dieser Basis von Täuschung und Lüge weiterleben? fragt man sich. Der Schneider hat alles erreicht, was er nur konnte – aber um welchen Preis?

Das fragen sich auch die mehr soziologisch und gesellschaftskritisch orientierten Märcheninterpreten, die in solchen Erzähltraditionen erstens eine Erinnerung an die matrilineare Erbfolge sehen – die Krone wird über die Königstochter vererbt und geht nicht an den Sohn, sondern an deren Gatten; deshalb müssen die Söhne »in die Welt hinaus« ziehen, um ihr Glück zu machen – und zweitens einen Niederschlag der Hoffnungsträume des aufsteigenden Bürgertums.

Damals, als die Brüder Grimm ihre Märchensammlungen herausgaben, hatten sich die Bürger Frankreichs von König und Adel ungeahnte Freiheiten erkämpft und begannen mit den preußischen Reformedikten auch in Deutschland die alten ständischen Strukturen zu bröckeln. Die alten Machtzentren und Oligarchien ließen diese Emanzipationsbestrebungen zwar immer wieder scheitern. Das Bürgertum seinerseits wollte die Masse der Tagelöhner, Landarbeiter und Handwerksgesellen keineswegs am Traum von Freiheit, Gleichheit und Brüderlichkeit teilhaben lassen (der Politologe Iring Fetcher versteht das vom listigen Schneider gebändigte Wildschwein als Symbol dieser niederen Schichten), schuf sich aber gleichwohl in solchen Figuren wie dem Aufsteiger aus der Schneiderwerkstatt einen etwas ironisch klingenden Trost.[48]

Der amerikanische Germanist und Märchenforscher Jack Zipes wiederum sieht in den *Kinder- und Hausmärchen* der Brüder Grimm ein an konservativen Werten orientiertes und gleichzeitig emanzipatorisch gesinntes Erziehungsbuch für das mittelständische Publikum und im *Tapferen Schneiderlein* eine Parabel für die Selbstverwirklichung eines aufgeweckten Bürgers, der mutig seine Chancen wahrnimmt und am Ende sogar den Platz des Königs einzunehmen vermag.

Deshalb spielen solche rebellische Geschichten laut Zipes auch meistens im Wald, der allen gehört, in dem nur die Gesetze der Natur gelten und König und Holzfäller gleich sind. Hier im Wald kann sich alles ändern – zumindest für ein ebenso schlaues wie tapferes Schneiderlein.[49]

Es war einmal ein Mann und eine Frau, die wünschten sich schon lange vergeblich ein Kind, endlich machte sich die Frau Hoffnung, der liebe Gott werde ihren Wunsch erfüllen. Die Leute hatte in ihrem Hinterhaus ein kleines Fenster, daraus konnte man in einen prächtigen Garten sehen, der voll der schönsten Blumen und Kräuter stand; er war aber von einer hohen Mauer umgeben, und niemand wagte hineinzugehen, weil er einer Zauberin gehörte, die große Macht hatte und von aller Welt gefürchtet ward. Eines Tags stand die Frau an diesem Fenster und sah in den Garten hinab. Da erblickte sie ein Beet, das mit den schönsten Rapunzeln bepflanzt war, und sie sahen so frisch und grün aus, daß sie lüstern ward und das größte Verlangen empfand, von den Rapunzeln zu essen. Das Verlangen nahm jeden Tag zu, und da sie wußte, daß sie keine davon bekommen konnte, so fiel sie ganz ab, sah blaß und elend aus. Da erschrak der Mann und fragte: »Was fehlt dir, liebe Frau?« »Ach«, antwortete sie, »wenn ich keine Rapunzeln aus dem Garten hinter unserm Hause zu essen kriege, so sterbe ich.« Der Mann, der sie lieb hatte, dachte: Eh du deine Frau sterben lässest, holst du ihr von den Rapunzeln, es mag kosten, was es will. In der Abenddämmerung stieg er also über die Mauer in den Garten der Zauberin, stach in aller Eile eine Handvoll Rapunzeln und brachte sie seiner Frau. Sie machte sich sogleich Salat daraus und aß sie in voller Begierde auf. Sie hatten ihr aber so gut geschmeckt, daß sie den andern Tag noch dreimal soviel Lust bekam. Sollte sie Ruhe haben, so mußte der Mann noch einmal in den Garten steigen. Er machte sich also in der Abenddämmerung wieder hinab. Als er aber die Mauer herabgeklettert war, erschrak er gewaltig, denn er sah die Zauberin vor sich stehen. »Wie kannst du es wagen«, sprach sie mit zornigem Blick, »in meinen Garten zu steigen und wie ein Dieb mir meine Rapunzeln zu stehlen? Das soll dir schlecht bekommen!« »Ach«, antwortete er, »laßt Gnade für Recht ergehen, ich habe mich nur aus Not dazu entschlossen. Meine Frau hat Eure Rapunzeln aus dem Fenster erblickt und empfindet ein so großes Gelüsten, daß sie sterben würde, wenn sie nicht davon zu essen bekäme.« Da ließ die Zauberin in ihrem Zorne nach und sprach zu ihm: »Verhält es sich so, wie du sagst, so will ich dir gestatten, Rapunzeln mitzunehmen, soviel du willst; allein ich mache eine Bedingung: Du mußt mir das Kind geben, das deine Frau zur Welt bringen wird. Es soll ihm gut gehen, und ich will für es sorgen wie eine Mutter.« Der Mann sagte in der Angst alles zu, und als die Frau in Wochen kam, so erschien sogleich die Zauberin, gab dem Kinde den Namen Rapunzel und nahm es mit sich fort.

Rapunzel ward das schönste Kind unter der Sonne. Als es zwölf Jahre alt war, schloß es die Zauberin in einen Turm, der in einem Walde lag und weder Treppe noch Türe hatte; nur ganz oben war ein kleines Fensterchen. Wenn die Zauberin hinein wollte, so stellte sie sich unten hin und rief:

»Rapunzel, Rapunzel, laß mir dein Haar herunter!«

Rapunzel hatte lange, prächtige Haare, fein wie gesponnen Gold. Wenn sie nun die Stimme der Zauberin vernahm, so band sie ihre Zöpfe los, wickelte sie oben um einen Fensterhaken, und dann fielen die Haare zwanzig Ellen tief herunter, und die Zauberin stieg daran hinauf.

Nach ein paar Jahren trug es sich zu, daß der Sohn des Königs durch den Wald ritt und an dem Turm vorüberkam. Da hörte er einen Gesang, der war so lieblich, daß er stillhielt und horchte. Das war Rapunzel, die in ihrer Einsamkeit sich die Zeit damit vertrieb, ihre süße Stimme erschallen zu lassen. Der Königssohn wollte zu ihr hinaufsteigen und suchte nach einer Türe des Turms: aber es war keine zu finden. Er ritt heim. Doch der Gesang hatte ihm so sehr das Herz gerührt, daß er jeden Tag hinaus in den Wald ging und zuhörte. Als er einmal so hinter einem Baum stand, sah er, daß eine Zauberin herankam, und hörte, wie sie hinaufrief:

»Rapunzel, Rapunzel, laß mir dein Haar herunter!«

Da ließ Rapunzel die Haarflechten herab, und die Zauberin stieg zu ihr hinauf. »Ist das die Leiter, auf welcher man hinaufkommt, so will ich auch einmal mein Glück versuchen.« Und den folgenden Tag, als es anfing, dunkel zu werden, ging er zu dem Turme und rief:

»Rapunzel, Rapunzel, laß mir dein Haar herunter!«

Alsbald fielen die Haare herab, und der Königssohn stieg hinauf.

Anfangs erschrak Rapunzel gewaltig, als ein Mann zu ihr hereinkam, wie ihre Augen noch nie einen erblickt hatten. Doch der Königssohn fing an, ganz freundlich mit ihr zu reden, und erzählte ihr, daß von ihrem Gesang sein Herz so sehr sei bewegt worden, daß es ihm keine Ruhe gelassen und er sie selbst habe sehen müssen. Da verlor Rapunzel ihre Angst, und als er sie fragte, ob sie ihn zum Manne nehmen wollte, und sie sah, daß er jung und schön war, so dachte sie: Der wird mich lieber haben als die alte Frau Gothel, und sagte »Ja«, und legte ihre Hand in seine Hand. Sie sprach: »Ich will gerne mit dir gehen, aber ich weiß nicht, wie ich herabkommen kann. Wenn du kommst, so bring jedesmal einen Strang Seide mit, daraus will ich eine Leiter flechten, und wenn die fertig ist, so steige ich herunter, und du nimmst mich auf dein Pferd.« Sie verabredeten, daß er bis dahin alle Abende zu ihr kommen sollte, denn bei Tag kam die Alte. Die Zauberin merkte auch nichts davon, bis einmal Rapunzel anfing und zu ihr sagte: »Sag Sie mir doch, Frau Gothel, wie kommt es nur, Sie wird mir viel schwerer heraufzuziehen als der junge Königssohn, der ist in einem Augenblick bei mir?« »Ach du gottloses Kind!« rief die Zauberin, »was muß ich von dir hören; ich dachte, ich hätte dich von aller Welt geschieden, und du hast mich doch betrogen!« In ihrem Zorn packte sie die schönen Haare der Rapunzel, schlug sie ein paarmal um ihre linke Hand, griff eine Schere mit der rechten, und, ritsch, ratsch, waren sie abgeschnitten, und die schönen Flechten lagen auf der Erde. Und sie war so unbarmherzig, daß sie die arme Rapunzel in eine Wüstenei brachte, wo sie in großem Jammer und Elend leben mußte.

Denselben Tag aber, wo sie Rapunzel verstoßen hatte, machte abends die Zauberin die abgeschnittenen Flechten oben am Fensterhaken fest, und als der Königssohn kam und rief:

»Rapunzel, Rapunzel, laß mir dein Haar herunter!«

so ließ sie die Haare hinab. Der Königssohn stieg hinauf, aber er fand oben nicht seine liebste Rapunzel, sondern die Zauberin, die ihn mit bösen und giftigen Blicken ansah. »Aha«, rief sie höhnisch, »du willst die Frau Liebste holen, aber der schöne Vogel sitzt nicht mehr im Nest und singt nicht mehr, die Katze hat ihn geholt und wird dir auch noch die Augen auskratzen. Für dich ist Rapunzel verloren, du wirst sie nie wieder erblicken!« Der Königssohn geriet außer sich vor Schmerzen, und in der Verzweiflung sprang er den Turm herab. Das Leben brachte er davon, aber die Dornen, in die er fiel, zerstachen ihm die Augen. Da irrte er blind im Wald umher, aß nichts als Wurzeln und Beeren und tat nichts als jammern und weinen über den Verlust seiner liebsten Frau. So wanderte er einige Jahre im Elend umher und geriet endlich in die Wüstenei, wo Rapunzel mit den Zwillingen, die sie geboren hatte, einem Knaben und einem Mädchen, kümmerlich lebte. Er vernahm eine Stimme, und sie deuchte ihm so bekannt. Da ging er darauf zu und wie er herankam, erkannte ihn Rapunzel und fiel ihm um den Hals und weinte. Zwei von ihren Tränen aber benetzten seine Augen, da wurden sie wieder klar, und er konnte damit sehen wie sonst. Er führte sie in sein Reich, wo er mit Freude empfangen ward, und sie lebten noch lange glücklich und vergnügt.

Verbotene Früchte aus dem Zaubergarten

Rapunzel oder: Das Ende der Abhängigkeit

Warum müssen es ausgerechnet Rapunzeln sein, nach denen es die Frau im Märchen so gelüstet? Warum der ordinäre Feldsalat, *Valerianella locusta,* aus der Familie der Baldriangewächse, und nicht etwa saftige Pfirsiche, rotbackige Äpfel, süße Erdbeeren?

In älteren Märchenversionen tauchen immerhin auch Birnen, Beeren, Linsen oder Fenchel (bekannt für seine starken Wurzeln) als Objekt weiblicher Begierde auf, nicht selten auch Petersilie. In manchen Märchenfassungen heißt das schöne Mädchen *Petersilchen* oder (in der italienischen Variante) *Petrosinella.* Das ist deshalb interessant, weil die Petersilie seit der Antike Liebe, Unglück und Tod gleichzeitig versinnbildlicht und im Mittelalter aus dem »Hexenkraut« und seinem Wirkstoff Apiol ein angeblich höchst wirksames Aphrodisiakum hergestellt wurde – das sich allerdings auch verwenden ließ, um eine Schwangerschaft zum Abbruch zu bringen.

Herkunft: Den Stoff zu *Rapunzel* hat Jacob Grimm in den sogenannten *Kleinen Romanen* des Magdeburger Romanciers und Reiseschriftstellers Joachim Christian Friedrich Schulz (1762 – 1798) gefunden. Schulz verarbeitete das 1698 erschienene Feenmärchen *Persinette* der französischen Hofdame Charlotte-Rose de Caumont de La Force und das Märchen *Petrosinella* in Giambattista Basiles *Pentamerone*, die wiederum beide aus der Volksüberlieferung schöpften.

Uralte Wurzeln sind im babylonischen Etana-Mythos erkennbar (ein König sucht in der Unterwelt das geheimnisumwitterte Gebärkraut, weil seine Frau keine Kinder bekommen kann) und in der griechischen Sage von Demeter und Kore: Hades raubt Kore, die Tochter der Fruchtbarkeitsgöttin Demeter, und schleppt sie in sein unterirdisches Reich, muss sie aber wieder frei lassen, weil Demeter alles Grün auf der Erde verdorren lässt.

Verbreitung: In zahlreichen Varianten in ganz Europa. In der holsteinischen Version klaut der Mann für seine bereits schwangere Frau einen Apfel aus dem Zaubergarten. In Italien ist es Petersilie und die Frau ist die Diebin. Auf Malta heißt Rapunzel »Fenchelchen«. In Bulgarien lebt sie bei einem Wolf auf einer hohen Pappel. Vor allem die Flucht am Ende ist breit ausgeschmückt: In der serbischen Fassung erschlägt ein vom Königssohn herbei gebeteter Blitz die Verfolgerin. Im Katalanischen wirft das Mädchen weiße und rote Rosen hinter sich, aus denen ein Fluss und ein Feuer entstehen.

Auch die Teufelskralle, *Phyteuma*, kommt in manchen Märchenvarianten vor, der Familie der Glockenblumen zugehörend und wegen der rübenförmigen Wurzeln oft Rapunzel genannt (lateinisch *rapunculus*, Rübchen). Ein appetitliches Wildgemüse, das allerdings auch als erotisches Anregungsmittel Verwendung fand und mit Satan, dem bevorzugten Sexualpartner von Hexen und Zauberinnen, in Verbindung gebracht wurde.

Oder dachten die Brüder Grimm an die Rapunzel-Glockenblume, *Campanula rapunculus*, die zwar mit wunderschönen violetten Blüten und einer mild schmeckenden Wurzel punkten kann, nicht aber mit so saftig grünen Blättern wie der einfache Feldsalat?

Deshalb spricht alles dafür, dass eben doch letzterer gemeint ist, weil er das frische Leben verkörpert und damit genau das, was der blass und depressiv gezeichneten Frau in ihrem trost- und schwunglosen Dasein fehlt. Nicht zu vergessen, dass das Rapunzelkraut neun Monate – so lange wie eine Schwangerschaft – braucht, bis es geerntet werden kann, dass es enorm eisenhaltig ist – menstruierende Frauen benötigen bisweilen Eisenpräparate – und dass es im Volksmund den hübschen Namen *Sonnenwirbelchen* trägt; ein wunderschöner Kosename für ein quecksilbriges kleines blondes Mädchen.

Die Geschichte einer abgestorbenen Beziehung

Das Märchen beginnt wie ein trauriger Schwarzweißfilm: Ein Paar, das müde und hoffnungslos wirkt, sich wenig zu sagen hat und vergeblich von einem Kind träumt. Dieses Kind – ein »Sonnenwirbelchen«? – soll Bewegung, Freude und Sinn in ihr ödes, einsames Leben zaubern. Von ihrem Hinterhaus sehen sie durch ein kleines Fensterchen über eine Mauer in einen prächtigen Garten; ihr eigenes Wohnumfeld erscheint düster und beengt.

Der Kinderwunsch der beiden wirkt zunächst verständlich (keine Kinder zu bekommen galt einst als Schande für eine Frau), dann aber fatal und bedrohlich. Jeder kennt die bitter gewordenen alternden Paare, die sich von einem Kind eine Blutauffrischung und die Rettung ihres langweiligen Miteinanders erhoffen. Ein solches Kind ist von vornherein um die Chance gebracht, selbstständig zu reifen, seine eigene Welt zu bauen, eigene Erfahrungen zu machen, wird es doch als einziger Lebensinhalt seiner Eltern – oder, schlimmer noch, eines Elternteils – missbraucht werden, vergöttert, überbehütet und unrealistischen Erwartungen ausgesetzt.

Die Mutter hier, süchtig – wie eine heißhungrige Schwangere – nach dem frischen Gemüse im Nachbargarten und nach einem frischen Leben im eigenen Körper, projiziert alle ihre Bedürfnisse nach Zärtlichkeit, Wärme, Partnerschaft auf das Kind. Ihr Mann, der devot und eilfertig ihre Wünsche erfüllt, auch wenn er sich damit strafbar macht und die Konfrontation mit einer finsteren Zauberin riskiert, ist dafür offensichtlich völlig ungeeignet. Die beiden führen kein Gespräch mehr (von Höflichkeitsfloskeln à la »Was fehlt dir, liebe Frau?« abgesehen), ihrer längst eingeschlafenen Beziehung fehlt das erotische Prickeln, die Neugier, die Freude auf eine Überraschung. Sollten sie je Kinder bekommen, werden sie einander »Papa« und »Mama« nennen und sich endgültig nicht mehr als Mann und Frau wahrnehmen. Alles aufregend Interessante muss von außen kommen, vom Zaubergarten.

> »Wenn wir uns in die Frau hineinversetzen, so finden wir in ihr vielleicht ein Mädchen, das nicht ermutigt wurde, dem keiner das Zutrauen gab, dass sie jemand werden könnte, die es deswegen nicht gelernt hat, etwas Gescheites mit sich selbst anzufangen, und nur durch andere leben kann. Vielleicht wurde sie aufgefressen von den Bedürfnissen und Erwartungen der anderen, weil ihr niemand beibrachte, sich selbst zu vertreten. Auf diesem Grund ist ihr Wunsch, nur endlich ›zuzubeißen‹ und zu essen, ein sehr verständlicher, vitaler Lebensimpuls. Wie kann sie ihre Sehnsucht nach Leben stillen? Wie kann sie das Fehlende in sich entwickeln? Wie kann sie ihren Mangel füllen?«[50]
>
> Irmtraud Tarr Krüger

Oder ist der Zaubergarten hinter der Mauer das abgespaltene, verdrängte Innere des Pärchens? Jene Tabuzone, nach der es die Frau hungert und in die sie sich nicht einzudringen traut, wohin sie den Mann im Schutz der Nacht schickt, statt sich gemeinsam mit ihm dort im verbotenen Paradies mit seinen Fruchtbarkeitspflanzen, Gewürzen, Heilkräutern und Drogen zu tummeln? Die seelischen Abgründe, in die man nur aus dem »Hinterhaus« des spießigen Alltagslebens durch ein winziges Fensterchen zu blicken wagt, statt die Mauer einzureißen und den duftenden Garten in die zwanghafte eigene Existenz zu integrieren?

Wuchert im Zaubergarten die Schattenwelt, warten dort all die Sehnsüchte und Wunschträume und Ängste des im bürgerlichen Alltagstrott erstarrten Paares, die man nicht aussprechen darf, die man nicht einmal ins Bewusstsein hereinlassen kann? Nur ein Miniaturfenster im »Hinterhaus« erlaubt den Blick ins Verbotene – besser gesagt, es versperrt ihn, erspart den beiden die Auseinandersetzung mit den dunklen, erbärmlichen, vielleicht aber auch verführerischen und heißersehnten Anteilen ihrer grauen Persönlichkeit.

Wovon »weiße Hexen« träumen

Es muss ja auch eine schlimme, »von aller Welt gefürchtete« Zauberin sein, der das Wundergärtchen gehört – keine freundliche Alte, die ihre Kräuter und Blumen auf dem Wochenmarkt feilbietet. Es muss den Zusammenstoß der hausbackenen, alles Vitale und Sinnliche verdrängenden Vorderhauswelt mit den funkelnden Reizen dieses grünen Eldorados und seiner dämonischen Herrin geben; der Schwächling, der den Wünschen seiner Frau kein »Nein« entgegenzusetzen wagt, sucht diese Gefahr, die weibliche Dominanz, vielleicht sogar den Lustgewinn aus einer Bestrafung.

Doch vielleicht irrt er sich. Vielleicht ist die Zauberin gar nicht die – heimlich erwartete? – lasziv-selbstbewusste Göttin mit dem unergründlichen Blick und der geheimnisvollen

Macht über Männer, vielleicht ist sie auch nicht die aus vielen Märchen bekannte schiefnasige Alte mit den roten Augen und dem abgründigen Hass auf alles Gute und Anständige. Vielleicht ist sie eine Anhängerin der »weißen Magie«, herzlich wenig interessiert an Gewitterzauber oder verhexten Hühnern, sondern am Einswerden mit der Schöpfung und am Eindringen in die Geheimnisse von Leben und Tod.

Solche »weißen Hexen« träumen – bis heute! – von einer sensiblen Harmonie zwischen den Menschen und der nicht mehr ausgebeuteten Natur und davon, dass auch die Menschen einander nicht mehr totschlagen und in den Ruin treiben. Die der Welt innewohnende Göttin zu verehren, sagt eine dieser modernen Hexen, das bedeute, »selbst im Angesicht des Leidens und oft wider alle Vernunft zu behaupten, dass das Leben gut ist, ein großzügiges Geschenk, ein ständiger Anlass zur Begeisterung. Wenn wir sehen, dass es anderen zur Last wird, haben wir die Pflicht, das zu ändern!«

Mit ihren magischen Riten und spirituellen Übungen wollen diese in geheimen Zirkeln organisierten modernen Hexen ein Netzwerk von Kraft errichten, eine vielfältige Energie, die sich multipliziert, wenn sie mit anderen geteilt wird. Sie stampfen, kreischen, singen ihren Widerstand in die Nacht, spotten über die Götzenbilder, die ihnen so lange das Leben versteinert, vergiftet haben, lachen Ängste und Grenzen einfach weg, versuchen wieder Kinder zu werden, fallen in eine gelöste Trance hinein.

Was, wenn die Grenzgängerin in *Rapunzel*, die Herrin über betörende Blumen und heilkräftige Kräuter, so eine sympathische Hexe gewesen ist, bereit, das neu aufbrechende Leben zu beschützen – vielleicht aber unfähig, es rechtzeitig loszulassen? Dass ihr der saft- und kraftlose Mann aus dem Vorderhaus ohne Widerstand sein Kind verspricht – ohne sich zu wundern, warum er nun plötzlich Vater werden soll -, braucht uns nicht zu irritieren. In den Märchen geschieht so etwas häufig, um einer akuten Gefahr zu entrinnen oder eine momentane Lust zu befriedigen, manchmal auch aus Gedankenlosigkeit oder weil die Bedingung des dämonischen Gegenübers nicht ernst genommen wird *(Rumpelstilzchen, Marienkind, Gevatter Tod, Der Bärenhäuter).*

Auf jeden Fall liegt über dem Leben des noch gar nicht geborenen Mädchens jetzt schon ein Schatten; dass es den glückbringenden, auf heilende Kräfte verweisenden Namen *Rapunzel* erhalten wird, vermag daran nichts zu ändern. Der fleißige Märchendeuter Eugen Drewermann, der fast alle wichtigen Märchen der Brüder Grimm mit Hilfe des tiefenpsychologischen Begriffsinstrumentariums von C. G. Jung ausgelegt hat, sieht denn auch im Zentrum dieser Geschichte eine zutiefst negative Mutter-Kind-Beziehung: Die Mutter und die Zauberin »Frau Gothel« sind ein und dieselbe Person, die Frau, die sich völlig auf ihre Tochter fixiert und sie im Turm ihrer Erwartungen und Verbote einsperrt. Es ist – nach Drewermann – die tragische Geschichte einer wechselseitigen Abhängigkeit.[51]

Jeder kennt solche Beziehungen, wie sie in abgeschwächter Form auch zwischen Mutter und Sohn, Vater und Tochter, Vater und Sohn existieren können: Das »Kind« darf zwar nach außenhin erwachsen werden, doch es hat ersatzweise das Leben der Mutter (des Vaters) zu führen, in einer »parasitären Symbiose«[52]. Die Mutter (reden wir jetzt von der Beziehung Mutter – Tochter) tut alles für ihr Fleisch und Blut – und erzeugt damit entsetzliche Schuldgefühle in der Tochter, wenn diese sich auf ihrem Entwicklungsweg von der Mutter und ihren Erwartungen, Werten, Lebensmodellen entfernt.

Maßlose Liebe erdrückt, ständige Fürsorge macht unfrei, die Abschottung von der Welt »draußen« macht die kleine heile Familie zur Hölle. Später kommt dann noch die subtile Rivalität zwischen der alternden Mutter und der zusehends als erotische Konkurrentin wahrgenommenen Tochter hinzu.

Die fürsorgliche, lebensschützende Seite der Zauberin wird darin deutlich, dass die Brüder Grimm von ihr als »Frau Gothel« sprechen, was auf das süddeutsche und österreichische Wort *Godel, Godin, Godn* (Patin) und auf den alten englischen Begriff *Gossip*, eigentlich *Godsip*, *Godmother* (Gottes Verwandte) verweist. Ältere Frauen, davon war man früher überzeugt, stehen Gott nahe, weil sie nach der Menopause ihr Blut und damit ihre Weisheit behalten. So eine Patin erscheint als Kraftzentrum einer Familie und erinnert eher an den Gewalt und Güte vereinenden »Paten« aus Mafia-Filmen als an die Nebenrolle, die Paten und Patinnen heute bei der christlichen Tauffeier spielen.

Die magische Kraft der goldenen Haare

Frau Gothel sperrt ihr »Patenkind« in einen Turm mitten im finsteren Wald, der hat keine Türe und Treppe, nur ein winzigkleines Fensterchen ganz oben unter dem Himmel. Dieser Steinklotz erinnert an eine Gefängniszelle: Der Eingang ist fest verschlossen, durch das vergitterte Fenster kann man nur schauen, wenn man auf einen Stuhl steigt. Der Turm verkörpert in der Kulturgeschichte aber auch Schutz und Zuflucht (wenn man an die mittelalterlichen Wehrtürme denkt) und den Versuch, dem Himmel nahe zu kommen (in Mesopotamien oder in der Gotik). Wer sein Töchterchen in so ein Gebäude sperrt, will es egoistisch für sich behalten wie der tyrannische Vater der heiligen Barbara von Nikomedien – oder fürsorglich vor den Gefahren der Welt behüten wie der Papa der kleinen Thérèse, der sie beim Spaziergang durch Lisieux ermahnte, nur ja nicht in die Schaufenster mit ihren sündhaften Verlockungen zu blicken.

Vielleicht ist es auch nicht zu weit hergeholt, von den Initiationshütten der Naturvölker zu reden, wo die jungen Mädchen eingeschlossen wurden, einsam im Wald, um dort von älteren Frauen im Weben und Spinnen unterwiesen zu werden und die Angst vor dem Dunkeln und der Wildnis zu bewältigen.

Plötzlich aber fällt es uns wie Schuppen von den Augen: Der Turm ist ja nichts anderes als die Kopie des trostlosen »Vorderhauses«, in dem sich Rapunzels Eltern vor den Herausforderungen des Lebens verborgen haben! Und Rapunzel ist offensichtlich dasselbe Schicksal zugedacht wie ihrer passiven, kraftlosen Mutter: am Fensterchen zu sitzen und von den Verlockungen und Versuchungen draußen zu träumen, die von vornherein etwas Schlimmes sind, einfach weil sie jenseits der schützenden Mauer liegen – ob es sich nun um würziges Gemüse handelt oder um einen schnuckeligen Königssohn.

Und weil sie jetzt unverkennbar die Züge von Rapunzels Mutter trägt, wirkt die mächtige Frau Gothel mit einem Mal so armselig und hilflos wie jeder Mensch, der von Angst getrieben ist und das mangelnde Zutrauen zu sich selbst hinter schroffem Machtgehabe versteckt. Es ist ganz klar: Ihr Leben hat keinen anderen Sinn, Glanz und Inhalt als dieses anmutige Geschöpf mit den goldenen Haaren, die wie die Sonne in ihre Herzensfinsternis strahlen. Würde Rapunzel sie verlassen, sie müsste erfrieren und an der Einsamkeit zugrunde gehen. Es ist derselbe furchtbare Irrtum, der zu allen Zeiten Väter und Mütter dazu veranlasste, ihre Kinder in einen Turm aus Verboten, Lebensangst und Misstrauen einzumauern und solchen Besitzerwahn und Seelenterror als »Liebe« und »Familiensinn« zu bemänteln.

Sprechendes Bild für diese ebenso mitleiderregende wie empörende Abhängigkeit sind die langen, offensichtlich enorm robusten Haare, an denen sich Frau Gothel wie eine Fassadenkletterin zu ihrer Gefangenen emporhangelt. Der eingesperrte Schützling entpuppt sich als Abgott und Kraftquelle, an seinen Haaren – kulturgeschichtlich ein Symbol der Stärke wie beim biblischen Samson, der Freiheit und der Ehre – zieht sich dieses erbärmlich schwache, über wenig eigene Persönlichkeit verfügende Geschöpf zu Rapunzel hinauf wie zu einer Erlöserin, jeden Tag aufs Neue.

Rapunzel-Syndrom

Ein fünf Kilo schweres Haarknäuel operierten Ärzte in Chicago einer 18-jährigen Frau aus dem Magen. Das berichtete das *New England Journal of Medicine* im Jahr 2007. Das Mädchen hatte fünf Monate lang an schlimmen Bauchschmerzen gelitten und in dieser Zeit 18 Kilo an Gewicht verloren. Die Mediziner diagnostizierten ein sogenanntes *Rapunzel-Syndrom,* eine Verhaltensstörung, bei der die Betroffenen ihre eigenen Haare essen – oft büschelweise. Weil der Mensch Haare nicht verdauen kann, ballen sie sich im Magen zusammen und führen dort zu lebensbedrohlichen Verstopfungen.

Dass das in der Realität nicht funktionieren würde, dass es auch eine gut trainierte Zirkusakrobatin nicht fertig brächte, einen Menschen an ihren Haaren ein paar Stockwerke hoch zu ziehen (20 Ellen entsprechen nach heutiger Rechnung etwa zwölf Metern), spielt keine Rolle. Märchen haben ihre eigene Wahrheit, und die wird vom Publikum auch instinktiv verstanden. Bruno Bettelheim berichtet von einem fünfjährigen Jungen, der schreckliche Angst bekam, als die Oma, die ihn tagsüber betreute, ins Krankenhaus musste. Da ließ er sich die Geschichte von Rapunzel vorlesen und erklärte das Mädchen sofort zu seiner Heldin – weil sie das Problem ihrer Einsamkeit so schlau gelöst hatte: Sie ließ einfach einen Königssohn an ihren Haaren zwölf Meter hoch ins Turmzimmer klettern, und schon hatte sie einen Gesellschafter.

Warum um Himmelswillen keine Leiter?

Doch damit sind wir bereits bei einem neuen Kapitel. Es könnte jenen Interpreten Recht geben, die in der tristen Beziehungsparabel trotz allem eine Hoffnungsgeschichte sehen: die ermutigende, inspirierende Geschichte eines zähen Befreiungsprozesses, bei dem Gefahrensituationen, Nackenschläge, seelische Narben und Abhängigkeiten Schritt für Schritt in Lernerfahrungen verwandelt werden. Wenn die Frau Gothel kein tückisches Hexenweib ist (und dafür spricht, dass sie Rapunzel nicht einmal irgendwo festbannen kann, sondern in einen Turm sperren muss), sondern eine Heilkundige und Lebensweise, dann wird das »Sonnenwirbelchen« bei ihr auch etwas Wertvolles gelernt haben.

Wer aber ist der Königssohn, der jetzt auf den Plan tritt? Völlig normal erscheint es, dass ein hinter Schloss und Riegel gehaltenes, zur Frau heranreifendes junges Mädchen von jemandem träumt, mit dem es reden, schmusen, Spaß haben, endlich die Welt entdecken kann. Erheblich unwahrscheinlicher klingt es schon, dass dieser heiß ersehnte Traumprinz ausgerechnet dann am Turm vorbeireitet, als Rapunzel seinen »lieblichen Gesang« erschallen lässt, dass er hartnäckig jeden Tag wiederkommt und die Kletterkünste der Zauberin nachahmt. Warum hat er nicht einfach zum Fensterchen hinaufgerufen »Wer singt denn da so schön?« und eine Leiter angeschleppt?

Viel zu einfach für ein Märchen. Der Königssohn muss Rapunzel erst einmal lange und wiederholt zuhören und im Gesang ihre Seele entdecken. Rapunzel selbst muss Gelegenheit bekommen, ihre beengte Turmwelt wenigstens mit ihren Sehnsuchtsliedern zu weiten und ein Stück zu verlassen – wie ein Vogel, der aus seinem Käfig herausschwirrt, um bald zurückzukehren; die Welt draußen ist noch zu verwirrend.

Vor allem aber muss sich der Königssohn entschließen, den merkwürdigen Weg der Zauberin den Turm hinauf zu kopieren. Damit beweist er Einfühlungsvermögen: Er überrumpelt Rapunzel nicht, sondern wählt jene Art der Kommunikation, die ihr vertraut ist. Und erweist sich so als wahrhaft königlicher Mensch – was sich im Märchen auf Seelengröße und Charakter bezieht, nicht auf Thron und Krone. Vielleicht ist der »Königssohn« nur ein Jäger oder Waldhüter.

Behutsam, tastend, respektvoll geht das alles vor sich. Der Königssohn bringt jedes Mal einen Strang Seide mit; Rapunzel will daraus nach und nach eine Leiter flechten, auf der sie eines Tages mit ihm den Turm herunter steigen wird, um ihm in seine Welt zu folgen. Sieh an, das Mädchen ist so verliebt, dass es – wohl zum ersten Mal in seinem Leben – aktiv wird, und zwar auf sehr erfinderische Weise! Gleichzeitig bittet es ihn aber um Geduld, noch ist der richtige Moment nicht gekommen.

Warum eigentlich nicht? Warum fliehen die beiden nicht schleunigst, bevor die Frau Gothel das regelmäßige Stelldichein entdeckt und verhindert? Warum spricht Rapunzel nicht vernünftig mit ihr? Warum hält der Königssohn nicht mutig um ihre Hand an, wie es sich gehört?

Auch das wäre zu einfach. Es handelt sich um eine Beziehungs- und Ablösungsgeschichte, und die sind immer kompliziert – sogar im realen Leben. Rapunzel fühlt sich für die Frau Gothel, die wie eine Klette an ihr hängt, irgendwie verantwortlich. Sie hat es ja auch nie gelernt, auf eigenen Füßen zu stehen, nach eigenem Gusto irgendwohin zu gehen – das schafft sie nicht über Nacht. Gewiss, konfliktscheu und ängstlich ist sie auch. Und man hat nicht den Eindruck, dass der klettergewandte Herr Prinz ihr da besonders den Rücken stärken würde. Rapunzel sitzt zwischen den Stühlen, tagsüber ist sie freundlich und fügsam gegenüber der bejahrten Zauberin, nachts lernt sie die Freuden einer Affäre kennen.

Und dann ist es ja ein deutsches Märchen! Da besteht immer die Gefahr, dass es zu schwerblütig und traurig gerät. Wie amüsant gestaltet die Baronin d'Aulnoy die Sache mit der Strickleiter, indem sie Rapunzel die Seide von der genasführten Fee selbst erbetteln lässt! Der Neapolitaner Basile erzählt, wie die beiden ein sehr sinnliches Dinner mit der »Petersilientunke der Liebe« halten. Die Brüder Grimm dagegen glätten sogar die als nicht jugendfrei empfundene Szene, als Rapunzel die Frau Gothel ganz naiv fragt: »Sag sie mir doch, meine Kleiderchen werden mir so eng und wollen nicht mehr passen?«; in der zweiten Auflage der *Kinder- und Hausmärchen* ist von Schwangerschaft nicht mehr die Rede. Die Zwillinge, die Rapunzel später in der Wüstenei aufzieht, hat man nicht herausgestrichen; Märchen müssen nicht logisch sein.

Immerhin hat sich das entscheidungsschwache Mädchen jetzt verplappert. Ihr schlechtes Gewissen der nichtsahnenden »Patin« gegenüber hat für einen Befreiungsschlag gesorgt, der zwar in die Katastrophe führt, aber auch die Ablösung möglich macht, die ihr sonst vielleicht nie gelungen wäre. Frau Gothel zeigt mit unerwarteter Brutalität, dass sie kein anderes Liebesobjekt und schon gar keine zukunftsträchtige Partnerschaft neben sich duldet. Sinnlos, mit so jemandem diskutieren zu wollen!

Doch bevor die nun souverän ins Werk gesetzte Flucht, von der die alten Märchenvorlagen berichten, gelingen kann, führen die Brüder Grimm ein furchtbares Drama vor. Rapunzel wird seiner prachtvollen Haare – das heißt: seiner Kraft – beraubt und in eine trostlose Einöde verschleppt. Der Königssohn erschrickt vor der plötzlich auftauchenden Zauberin derart, dass er in den Tod springen will, aber »nur« sein Augenlicht verliert. Was ist aus dem verliebten Paar geworden! Das Mädchen vegetiert mit seinen Zwillingen in einer Wüstenei dahin, der Königssohn irrt blind und orientierungslos im Wald umher, jede Hoffnung auf Rettung scheint illusorisch.

Doch alle diese trostlosen Metaphern lassen sich auch als Hoffnungsbilder lesen. Der Königssohn weint und jammert – das heißt, er versteckt seinen Schmerz nicht, er durchleidet die Trennung bewusst und wird dabei reifer, robuster, tiefer. Er ist blind geworden – aber nur für die Dinge der Außenwelt, er ist gezwungen, nach innen zu schauen und dort ungeahnte Kraftquellen zu entdecken. Rapunzel lernt auf eine unerhört schmerzhafte Weise, für sich selbst zu sorgen und auch noch für zwei hilflose Würmer. Die Zwillinge wiederum – Knabe und Mädchen – stehen für die ausbalancierte Bindung zwischen den beiden.

Rapunzel und der Königssohn, sie haben alle trügerischen Sicherheiten von einst verloren, sind in die Einöde verbannt. Die Wüste aber ist für Mönche, Sucher und Künstler, für enttäuschte Aussteiger und verwundete Herzen immer schon ein Ort der Verwandlung gewesen. Hier gibt es keine Masken und Lebenslügen mehr, nur die Konfrontation mit dem nackten Ich und den Abgründen der eigenen Seele. Das stählt und befreit, das lehrt die Ohnmacht auszuhalten und die Schwäche zur Stärke zu machen.

Der schönste Beweis dafür ist die heilende Macht der Tränen. Nun ist Rapunzel doch irgendwie selbst zur Zauberin geworden – wie in den alten Fassungen des Märchens, wo sie auf der Flucht vor der »Patin« magische Kräfte entfaltet. Vom Königssohn fällt die Blindheit ab, und er führt Rapunzel endlich heim.

Quellenangabe

1 Bloch, Ernst: Das Prinzip Hoffnung. Band 1. Frankfurt am Main 1959, S. 411.
2 Ebd. S. 411.
3 Bettelheim, Bruno: Kinder brauchen Märchen. München 1984, S. 9f.
4 Lüthi, Max: Das Volksmärchen als Dichtung und als Aussage. In: Der Deutschunterricht 8 (1956), S. 11.
5 Rölleke, Heinz (Hrsg.): Die Märchen der Brüder Grimm. Eine Einführung von Heinz Rölleke. München 1985, S. 24
6 Ebd. S. 63.
7 Ebd. S. 64.
8 Bettelheim, Bruno: Kinder brauchen Märchen. München 1984, S. 245.
9 Ebd. S. 247.
10 Riedel, Ingrid: Frau Holle. Goldmarie und Pechmarie. Stuttgart 1995, S. 36.
11 Ebd. S. 14f.
12 von Bingen, Hildegard: Der Mensch in der Verantwortung. Das Buch der Lebensverdienste (Liber vitae meritorum). Nach den Quellen übersetzt und erläutert von Heinrich Schipperges. Salzburg 1985, S. 94.
13 Seifert, Theodor: Einleitung. In: Riedel, Ingrid: Frau Holle. Goldmarie und Pechmarie. Stuttgart 1995, S. 8.
14 Fetcher, Iring: Wer hat Dornrösschen wachgeküsst? Das Märchen-Verwirrbuch. Frankfurt am Main 1974, S. 100.
15 Ebd. S. 98.
16 Drewermann, Eugen: Frau Holle. Grimms Märchen tiefenpsychologisch gedeutet. Olten 1982, S. 38.
17 Ebd. S. 35.
18 Vgl. Wagner, Richard: Tannhäuser. Texte, Materialien, Kommetnare. Herausgegeben von Attila Csampai und Dietmar Holland. Reinbek 1986, S. 44.
19 Falckenstein, Johann Heinrich von: Thüringische Chronicka. Erfurt 1738.
20 Riedel, Ingrid: Frau Holle. Goldmarie und Pechmarie. Stuttgart 1995, S. 95.

21 Bettelheim, Bruno: Kinder brauchen Märchen. München 1984, S. 340.
22 Lüthi, Max: Das Volksmärchen als Dichtung und als Aussage. In: Der Deutschunterricht 8 (1956), S. 11.
23 Jellouschek, Hans: Der Froschkönig. Ich liebe dich, weil ich dich brauche. Stuttgart 1985, S. 52ff.
24 Drewermann, Eugen: Der Froschkönig. Grimms Märchen tiefenpsychologisch gedeutet. Düsseldorf 2003, S. 45ff.
25 Waiblinger, Angela: Dornröschen. Auch des Vaters liebste Tochter wandelt sich zur Frau. Stuttgart 1988, S. 88.
26 Ebd. S. 100.
27 Vgl. Bettelheim, Bruno: Kinder brauchen Märchen. München 1984, S. 269ff.
28 Lüthi, Max: Es war einmal. Vom Wesen des Volksmärchens. Göttingen 1962, S. 8.
29 Vgl. Franz, Marie-Louise von: Das Weibliche im Märchen. Stuttgart 1977.
30 Drewermann, Eugen: Dornröschen. Grimms Märchen tiefenpsychologisch gedeutet. Düsseldorf 2005, S. 48.
31 Bettelheim, Bruno: Kinder brauchen Märchen. München 1984, S. 185.
32 Ebd. S. 191.
33 Drewermann, Eugen: Aschenputtel. Grimms Märchen tiefenpsychologisch gedeutet. Solothurn 1993, S. 41.
34 Wöller, Hildegunde: Aschenputtel. Energie der Liebe. Stuttgart 1984, S. 123.
35 Drewermann, Eugen: Aschenputtel. Grimms Märchen tiefenpsychologisch gedeutet. Solothurn 1993, S. 11.
36 Ebd. S. 11.
37 Waiblinger, Angela: Rumpelstilzchen. Gold statt Liebe. Stuttgart 1985, S. 75.
38 Drewermann, Eugen: Von der Macht des Geldes oder Märchen zur Ökonomie, Düsseldorf 2007, S. 14.
39 Ebd. S. 66.
40 Maske, Adelheid; Maske, Ulrich: Das werden wir schon ändern. Franz Josef Degenhardt und seine Lieder. Mit Liedbeispielen, Fotos und einem Interview. Dortmund 1977, S. 8f.
41 Fetcher, Iring: Wer hat Dornröschen wachgeküsst? Das Märchen-Verwirrbuch. Frankfurt am Main 1974, S. 125.

42 Ritz, Hans: Die Geschichte vom Rotkäppchen. Ursprünge, Analysen, Parodien eines Märchens. Emstal 1981, S. 16.
43 Schäfer, Thomas: Mein allerliebstes Haselnüsschen, ich muss dich knacken. Mann und Frau im Märchen. Freiburg 1992, S. 25.
44 Ritz, Hans: Die Geschichte vom Rotkäppchen. Ursprünge, Analysen, Parodien eines Märchens. Emstal 1981, S. 43.
45 Vgl. Ritz, Hans: S. 90ff.
46 Mosebach, Martin: Rotkäppchen und der Wolf. Ein Drama. Hamburg 1988, S. 194ff.
47 Jäger, Hans-Wolf: Rotkäppchen. In: Schödel, Siegfried (Hrsg.): Arbeitstexte für den Unterricht. Märchenanalysen. Für die Sekundarstufe. Stuttgart 1977, S. 85 - 107.
48 Vgl. Fetcher, Iring: Wer hat Dornröschen wachgeküsst? Das Märchen-Verwirrbuch. Frankfurt am Main 1974, S. 78ff.
49 Zipes, Jack: The Enchanted Forest of The Brother Grimm. New Modes of Approaching the Grimms' Fairy Tales. In: The Germanic Review 62 (1987), S. 66 – 74.
50 Tarr Krüger, Irmtraud: Rapunzel. Das Wunschkind wird verraten und findet trotzdem sein Glück. Stuttgart 1996, S. 35.
51 Vgl. Drewermann, Eugen: Rapunzel. In: Rapunzel, Rapunzel, lass dein Haar herunter. Grimms Märchen tiefenpsychologisch gedeutet. München 1992, S. 165ff.
52 Ebd. S. 179.

Literatur in Auswahl

d´ Aulnoy, Marie-Catherine; Jeanne-Marie Leprince de Beaumont: Die Schöne und das Tier. Französische Feenmärchen des 17. und 18. Jahrhunderts. Zürich 1995.

Basile, Giambattista: Das Märchen der Märchen. Das Pentamerone. Nach dem neapolitanischen Text von 1634/36 vollständig und neu übersetzt und erläutert von Hanno Helbling, Alfred Messerli, Johann Pögl u. a. München 2000.

Beit, Hedwig von: Symbolik des Märchens. 3 Bände. Bern 1952 – 1956.

Bettelheim, Bruno: Kinder brauchen Märchen. München 1984.

Betz, Otto (Hrsg.): Tausend Tore in die Welt. Märchen als Weggeleit. Freiburg im Breisgau 1985.

Birkhäuser-Oeri, Sibylle: Die Mutter im Märchen. Hrsg. von Marie-Louise von Franz. Stuttgart 1979.

Bittlinger, Arnold: Es war einmal. Grimmsche Märchen tiefenpsychologisch gedeutet. München 1994.

Bloch, Ernst: Das Prinzip Hoffnung. Band I. Frankfurt am Main 1973.

Bonin, Felix von: Kleines Handlexikon der Märchensymbolik. Stuttgart 2001.

Bolte, Johannes; Georg Polívka: Anmerkungen zu den Kinder- und Hausmärchen der Brüder Grimm. 5 Bände. Leipzig 1913 – 1932.

Clodd, Edward: Tom Tit Tot. An Essay on Savage Philosophy in Folk Tale. Kila (USA) 2004.

Drewermann, Eugen: Aschenputtel. Grimms Märchen tiefenpsychologisch gedeutet. Solothurn 1993.

Drewermann, Eugen: Der Froschkönig. Grimms Märchen tiefenpsychologisch gedeutet. Düsseldorf 2003.

Drewermann, Eugen: Dornröschen. Grimms Märchen tiefenpsychologisch gedeutet. Düsseldorf 2005.

Drewermann, Eugen: Frau Holle. Grimms Märchen tiefenpsychologisch gedeutet. Olten 1982.

Drewermann, Eugen: Hänsel und Gretel. Grimms Märchen tiefenpsychologisch gedeutet. Zürich 1997.

Drewermann, Eugen: Lieb Schwesterlein, lass mich herein. Grimms Märchen tiefenpsychologisch gedeutet. München 1992.

Drewermann, Eugen: Rapunzel, Rapunzel, lass dein Haar herunter. Grimms Märchen tiefenpsychologisch gedeutet. München 1992.

Drewermann, Eugen: Schneewittchen. Grimms Märchen tiefenpsychologisch gedeutet. Düsseldorf 2003.

Drewermann, Eugen: Von der Macht des Geldes oder Märchen zur Ökonomie. Düsseldorf 2007.

Eliade, Mircea: Mythen, Träume und Mysterien. Salzburg 1961.

Eschenbach, Ursula: Hänsel und Gretel. Das geheime Wissen der Kinder. In: Seifert, Theodor (Hrsg.): Weisheit im Märchen. Stuttgart 1986.

Fetcher, Iring: Wer hat Dornröschen wachgeküsst? Das Märchen-Verwirrbuch. Frankfurt am Main 1974.

Franz, Marie-Louise von: Der Schatten und das Böse im Märchen. München 1985.

Franz, Marie-Louise von: Die Erlösung des Weiblichen im Manne. Frankfurt am Main 1980.

Franz, Marie-Louise von: Erlösungsmotive im Märchen. München 1986.

Fromm, Erich: Märchen, Mythen, Träume. Eine Einführung zum Verständnis von Träumen, Märchen und Mythen. Zürich 1957.

Göttner-Abendroth, Heide: Die Göttin und ihr Heros. München 1980.

Grant Duff, J. F.: Schneewittchen – Versuch einer psychoanalytischen Deutung. In: Imago. Zeitschrift für Psychoanalytische Psychologie, ihre Grenzgebiete und Anwendungen 20. 1934.

Hagen, Rolf: Der Einfluss der Perraultschen Contes auf das volkstümliche deutsche Erzählgut. Göttingen 1954.

Jacoby, Mario (Hrsg.): Das Böse im Märchen. Fellbach 1978.

Jellouschek, Hans: Der Froschkönig. Ich liebe dich, weil ich dich brauche In: Seifert, Theodor (Hrsg.):Weisheit im Märchen. Stuttgart 1985.

Jung, Carl Gustav: Archetypen. München 1990.

Jung, Carl Gustav: Der Mensch und seine Symbole. Olten 1968.

Jung, Carl Gustav: Zur Phänomenologie des Geistes im Märchen. In: Baumann, Dieter (Hrsg.): Gesammelte Werke. Band 9/I. Freiburg im Breisgau 1976.

Kast, Verena: Familienkonflikte im Märchen. München 1998.

Kast, Verena: Liebe im Märchen. Olten 1992.

Kast, Verena: Mann und Frau im Märchen. München 1998.

Kast, Verena: Märchen als Therapie. München 1998.

Kast, Verena: Wege aus Angst und Symbiose. Märchen psychologisch gedeutet. Olten 1982.

Kerenyi, Karl: Die Mythologie der Griechen. 2 Bände. München 1988.

Knoch, Linde: Praxisbuch Märchen. Verstehen – Deuten – Umsetzen. Gütersloh 2001.

Koch, Christina: Märchen christlich verstehen. Ein neuer Zugang zum Glauben. Würzburg 1983.

Kollmann, Karl: Frau Holle und das Meißnerland. Heiligenstadt 2005.

Lenz, Friedel: Bildsprache der Märchen. Stuttgart 1997.

Lüthi, Max: Das europäische Volksmärchen. Form und Wesen. München 1978.

Lüthi, Max: Es war einmal. Vom Wesen des Volksmärchens. Göttingen 1983.

Lüthi, Max: Märchen. Stuttgart 1964.

Mackensen, Lutz: Handwörterbuch des deutschen Märchens, 2 Bände. Berlin 1930 – 1940.

Müller, Lutz: Das tapfere Schneiderlein. List als Lebenskunst. In: Seifert, Theodor (Hrsg.): Weisheit im Märchen. Stuttgart 1985.

Neumann, Erich: Die Große Mutter. Eine Phänomenologie der weiblichen Gestaltungen des Unbewussten. Zürich 1956.

Perrault, Charles: Sämtliche Märchen. Übersetzt von Doris Distelmaier-Haas. Stuttgart 2001.
Peuckert, W. E.: Deutsches Volkstum in Märchen und Sage, Schwank und Rätsel. Berlin 1938.

Riedel, Ingrid: Frau Holle. Goldmarie und Pechmarie. In: Seifert, Theodor (Hrsg.): Weisheit im Märchen. Stuttgart 1995.
Riedel, Ingrid: Liebe, die verwandelt. Die Weisheit der Märchen über Liebe, Tod und Neugeburt. Freiburg im Breisgau 2005.
Ritz, Hans: Die Geschichte vom Rotkäppchen. Ursprünge, Analysen, Parodien eines Märchens. Emstal 1981.
Röhrich, Lutz: »… und weil sie nicht gestorben sind …«. Anthropologie, Kulturgeschichte und Deutung von Märchen. Köln 2002.
Rölleke, Heinz: Die Märchen der Brüder Grimm. Eine Einführung. München 1985.
Rüttner-Cova, Sonja: Frau Holle, die gestürzte Göttin. Märchen, Mythen, Matriarchat. Basel 1986.

Schäfer, Thomas: Mein allerliebstes Haselnüsschen, ich muss dich knacken. Mann und Frau im Märchen. Freiburg im Breisgau 1992.
Scherf, Walter: Das Märchen-Lexikon. 2 Bände. München 1995.
Scherf, Walter: Lexikon der Zaubermärchen. Stuttgart 1982.
Seifert, Theodor: Schneewittchen. Das fast verlorene Leben. In: Seifert, Theodor (Hrsg.): Weisheit im Märchen. Stuttgart 1983.
Herder Lexikon Symbole. Freiburg im Breisgau 1990.

Tarr Krüger, Irmtraud: Rapunzel. Das Wunschkind wird verraten und findet trotzdem sein Glück. In: Seifert, Theodor (Hrsg.): Weisheit im Märchen. Stuttgart 1996.

Uther, Hans-Jörg: Handbuch zu den »Kinder- und Hausmärchen« der Brüder Grimm. Entstehung – Wirkung – Interpretation. Berlin 2008.

Volksmärchen mit Materialien. Auswahl von Leander Petzoldt. In: Steinbach, Dietrich: Editionen für den Literaturunterricht. Stuttgart 1982.

Waiblinger, Angela: Dornröschen. Auch des Vaters liebste Tochter wandelt sich zur Frau. In: Seifert, Theodor (Hrsg.): Weisheit im Märchen. Stuttgart 1988.

Waiblinger, Angela: Rumpelstilzchen. Gold statt Liebe. In: Seifert, Theodor (Hrsg.): Weisheit im Märchen. Stuttgart 1985.

Wittgenstein, Ottokar Graf: Märchen, Träume, Schicksale. Düsseldorf 1965.

Wittmann, Ulla: Ich Narr vergaß die Zauberdinge. Was Märchen für das eigene Leben bedeuten. Freiburg im Breisgau 1995.

Wöller, Hildegunde: Aschenputtel. Energie der Liebe. In: Seifert, Theodor (Hrsg.): Weisheit im Märchen. Stuttgart 1984.

Zipes, Jack: Rotkäppchens Lust und Leid. Biographie eines europäischen Märchens. Berlin 1985.

Zipes, Jack: The Enchanted Forest of The Brother Grimm. New Modes of Approaching the Grimms' Fairy Tales. In: The Germanic Review (62). 1987.